Maria Montessori on Education

意志力培養、教師與紀律性、服從三階段，
義大利思想家的教育改革

蒙特梭利

的教育重塑

教育者的職能不是「教」孩子，
而是為他創設合適環境，並引導他與環境展開互動。

- ✕ 為孩子提供最大限度的自由
- ✕ 不要成為孩子進行實踐活動的障礙
- ✕ 不要干擾孩子進行獨立的嘗試性探索
- ✕ 讓孩子遵循自己的內在法則和規律成長
- ✕ 讓孩子去嘗試、去發現錯誤、去承擔風險

瑪麗亞·蒙特梭利—著

秦搏—譯

目錄

導言

導言

　　瑪麗亞・蒙特梭利（西元 1870 ～ 1952 年），義大利著名幼兒教育家、思想家和改革家。她出生於義大利安科納地區的一個小鎮，父親是一位性格平和又有些保守的軍人；母親是一名虔誠的天主教徒。蒙特梭利作為獨生女，從小深受父母寵愛，受到了良好的家庭教育，這也讓她養成了自律、獨立的性格和樂於助人的博愛胸懷。

　　西元 1896 年，26 歲的蒙特梭利在頂住來自家庭、學校、社會等各方面的壓力、付出艱苦卓絕的努力之後，成為羅馬大學乃至義大利歷史上第一位學醫的女性、第一位女性醫學博士。畢業後，她在羅馬大學附屬精神病院擔任助理醫生，在此期間，她有系統的學習了美國精神病專家愛德華・塞金[01]和法國醫學家伊塔爾[02]的理論和方法，開始對智力障礙兒童的神經與心理疾病進行研究。1900 年，她在羅馬一家招收智力缺陷兒童的學校擔任校長，獲得了顯著的成果。1901 年，蒙特梭利開始尋求將智力缺陷兒童的教育方法應用於正常兒童的可能性。1907 年，受羅馬住宅改善協會會長的委託，蒙特梭利在聖勞倫佐區瑪希大街 58 號公寓裡創建了第一所「兒

01　愛德華・塞金 (Édouard Séguin，西元 1812 ～ 1880 年)，法裔美籍精神病專家、教育家。

02　伊塔爾 (Jean Marc Gaspard Itard，西元 1774 ～ 1838 年)，法國醫生、教育家。出生於普羅旺斯奧賴松。他最著名的事蹟是曾經收養過一位叫作維特 (Victor of Aveyron) 的野男孩，這個男孩是被人從森林中捕捉到的。伊塔爾嘗試施予教育訓練，雖然最後未能成功，但是對日後特殊教育有深遠的影響，堪稱啟智教育的先驅者，並影響了蒙特梭利的教育理念和方法。

童之家」。在那裡，她成功的將一群看上去貪婪、骯髒、具有暴力傾向和毀壞力的孩子改造和培養成了一個個自信的、聰明的、富有教養、精神抖擻的少年英才；同時，她還根據自己的教學實踐，制定出了一整套完善的教材、教具和方法，形成了蒙特梭利教育體系。

蒙特梭利的教學成果令世人矚目，不僅在義大利獲得了高度好評，而且在美國以及英國、法國、德國、荷蘭、西班牙、奧地利、錫蘭、巴基斯坦和印度等地得到了廣泛的讚譽和傳播。

終其一生，蒙特梭利都致力於智力缺陷兒童和正常兒童的研究與教育，並撰寫了一批幼兒教育著作，開辦了國際訓練課程，對世界各國的幼兒教育產生了深遠的影響，促進了現代幼兒教育的改革與發展，她也被譽為 20 世紀歐洲和世界最偉大的、科學的和進步的教育家之一，1949、1950、1951年，蒙特梭利連續三年成為「諾貝爾和平獎」候選人，而她在教育實驗、觀察和研究基礎上所創立的蒙氏教育法，也贏得了各國同行的高度評價。

蒙特梭利的經典著作包括：《蒙特梭利早期教育法》、《蒙特梭利兒童教育手冊》、《兒童的自發成長》、《童年的祕密》、《有吸收力的心靈》。這幾部著作內容各有側重，並形成了統一、系統的整體，構成了一個完整的教育體系，同時也展現

出了內涵豐富而深刻的教育思想。例如，蒙特梭利將兒童使用教具的活動稱為「工作」，而將兒童日常的玩耍和普遍使用玩具的活動稱為「遊戲」。兒童的身心發展只能透過「工作」來獲得，只有這樣才能實現自我教育和自我創造，最終完成自我人格的建構。蒙特梭利認為，教育者的職能不是「教」孩子，而是為孩子創設合適的環境、引導孩子與環境展開互動。在此基礎上，教師要為孩子提供最大限度的自由，不要成為孩子進行實踐活動的障礙，不要干擾孩子進行獨立的嘗試性探索，要讓他們自己去嘗試，自己去發現錯誤，自己去承擔風險，讓孩子遵循自己的內在法則和規律成長。這些在當時看來具有極大突破性、震撼性的觀點，使蒙特梭利的教育方法擁有了長盛不衰的生命力。

第一章
重塑教育及教育方法

第一章　重塑教育及教育方法

　　這並不是一篇專門向大家介紹什麼是科學教育學的文章，我寫這篇文章的直接目的，是為了從眾多不完全的紀錄中得出一個實驗結論。

　　很顯然，這個實驗結論為一門新型科學應用於實踐開闢出了一條新的路徑。近年來，這些新的科學原理正慢慢推動教育工作的改革。

　　在過去的十年裡，為了推動醫學的發展，人們針對很多與教育學發展的相關問題展開了討論，這些討論已經超出了單純的理論範疇，其結論也建立在實驗的基礎上。從韋伯（Weber）、費希納（Fechner）到馮特（Wundt），生理學和實驗心理學已經分別被開創並發展成為了兩門新的科學，就像以前形而上學的心理學為哲學心理學的發展奠定了基礎一樣，這兩門新的科學肯定也一定會為新型教育學打下良好的基礎。用來研究兒童身體情況的形態人類學也將成為新型教育學發展的一個重要分支。

　　儘管教育學領域的很多個方面都已經顯現了良好的發展態勢，但截至目前，科學的教育學尚未完全建立，也未形成明確的定義。我們所討論的科學教育學不過是一種模糊的、尚未成型的東西。也許有人會說，到目前為止，科學教育學還只是一種源自科學的直覺或建議，借助於曾經令十九世紀思想更新換代的實證科學和實驗科學，我認為科學教育學

也必定能夠衝破重重雲霧，並在不長時間之後在人們面前出現。人們能夠借助科學的進步創造出一個嶄新的世界，但人類也要借助新型教育學來不斷的培養和發展自己 —— 不過在此我並不想詳細的討論這個問題。

幾年之前，有位非常著名的外科醫生在義大利創建了一座「科學教育學校」，他的目的是讓義大利全國所有學校的教師都加入到這項新興運動中，整個教育界能夠感受到這項運動所獲得的發展。而這座學校在兩、三年的時間裡就大獲成功，產生了非同凡響的效果，義大利全國各個地區的教師紛紛前來，米蘭市當局還向學校捐贈了很多優良的科學設備和儀器。事實上，這座學校在開始創建的時候就非常順利，得到了很多人的大力支持，人們希望透過在這座學校所進行的實驗，能夠真正建立起一門「培養人的科學」。

這座學校之所以能夠受到人們的熱烈歡迎，很大程度上都是傑出的人類學家塞吉[03]的功勞，他為這座學校提供了熱情的幫助和大力支持。30多年以來，塞吉始終勤勤懇懇的在義大利提倡一種建立在教育基礎之上的新理論。他說：「目前，在我們生活的社會中，有一種極為迫切的需求，令全社會的人感到必須要重新確立一種教育方法。為了完成這項偉大的事業，我一直都在努力奮鬥 —— 為人類重獲新生而奮

03　塞吉（Giuseppe Sergi，西元 1841 ～ 1936 年），二十世紀初義大利人類學家，他的地中海人種概念是二十世紀初重要的種族理論。

鬥。」他寫了一本名為《教育與訓練》的教育學著作，在這本書的講稿摘要裡面，塞吉鼓勵大家和他一起推廣這項新運動。他覺得，人們所期盼的人類重獲新生之路就是要將教育人類學和實驗心理學作為指導，對受教育的人進行系統的分析和研究。

塞吉說：「多年來，我始終在為建立一種指導和教育他人的理念而奮鬥，對它的思考越深入，就越覺得它是正確而且有用的。我認為，要想建立一種科學而符合自然常理的教育方法，就一定要將人當作一個獨立的個體來研究，同時要進行大量精準而又合理的觀察，而且重點是觀察這個人在兒童時期的情形，因為這恰好是他打下教育、文化基礎的一個階段。」

塞吉又說：「對一個人的頭部、身高等資料進行測量，這並不真正意味著我們是在建立一種新的教育學體系，不過它也指明了通往這一體系所應該堅持的方向。因為如果我們想要對一個人進行教育，就一定要對他有直接、明確的了解。」

塞吉本人所具備的名望足以令很多人相信：只要掌握了人類作為個體的知識，那麼就可以很容易的獲得教育人的技術。但是，就像經常出現的情況一樣，塞吉的這一論調令他的信徒產生了思想上的混亂，一部分人只是根據字面的意思進行理解，而另一部分人則將這位大師的觀點進行了誇大。這些人最大的問題是不知道對學生進行實驗性研究和展開教

育這兩者之間到底有什麼區別。他們覺得，既然對學生展開實驗性研究是通向一條對學生進行科學教育的道路，那麼在這種研究過後，對學生的教育自然也會得到合理的發展，因此他們將原本命名為教育人類學的學科直接命名為科學教育學。塞吉這批信徒高舉著一面名為「傳記表」（一種記載學生性格、健康狀況、智力情況的表格）的旗幟，他們覺得只要在學校這片戰場上牢固的樹起這面旗幟，就一定能夠獲得勝利。

因此，這座所謂的採用科學教育學來展開教學工作的學校，其實只不過是負責指導學生的教師掌握了人體各項資料的測量方法，然後又採用了能夠測量觸覺的儀器來收集學生的各項心理學資料，他們覺得這樣就能夠建立起一支懂得科學教育學的最新型教師團隊。

需要說明的一點是，在這場關於教育學的革新中，義大利可以說是與時俱進，緊緊跟在了時代發展的腳步之後。另外，在英國、法國，尤其是美國，教育家們在小學裡展開了人類學和心理教育學等方面的實驗，希望透過人體測量學、心理測量學找到學校的再生之路。可是，幾乎沒有一個教師加入這方面的嘗試性研究。大多數情況下，類似的實驗都是由那些出於醫學目的而非對教育感興趣的外科醫生來做的。一般情況下，他們往往會透過做實驗來為心理學或人類學貢

獻力量，而透過實驗以及對實驗結果進行分析研究，然後創建人們長久以來所渴求的科學教育學，則不是他們的分內之事。對於這種情況，我們在進行簡要總結時才能發現，人類學和心理學還沒有向學校兒童教育的問題發力，而那些在學校裡任教、受到過專業訓練的教師也沒有達到真正的科學家的水準。

其實，學校要想真正獲得進步，就要在實踐和思想兩方面將現代的多種進步趨勢融合起來。這種融合會將科學家們直接引到學校這個重要的領域中來，同時也能夠將智力水準低劣的教師培養成真正的科學家。為了讓這個崇高的理想變成現實，在義大利，人們創建了與教育學相關的大學，為了實現這個偉大的目標，他們正付出了艱苦卓絕的努力。這座學校的目的是為了提高教育學的地位，將它從以前那種從屬於哲學的次要分支學科的地位，明確的提升為一門真正的科學 —— 就像醫學那樣，擁有極為廣泛、各式各樣的研究領域。顯然，教育人類學、教育衛生學和實驗心理學、教育學等等都是密不可分的分支學科。

從獲得的成就來說，在義大利 —— 龍勃羅梭[04]、德·喬

04　龍勃羅梭（Cesare Lombroso，西元 1835 ～ 1909 年），義大利犯罪學家、精神病學家，刑事人類學派的創始人。他摒棄古典學派認為犯罪源於人的自由意志和功利主義的理論，而是強調生理因素對犯罪的影響。他重視對罪犯的生理解剖的研究，比較研究精神病人和犯罪人的關係，從犯罪人和精神病人的顱相、體格等生理特徵判斷犯罪的傾向。他所提出最有名的概念是「生來犯罪人」，亦稱「天生犯罪人」。

凡尼（di Giovanni）和塞吉這三位大師的祖國，是應該為本國在教育學研究方面所獲得的傑出成就而感到驕傲的。事實上，這三位科學家也確實可以被視為新的人類學發展的奠基人：在犯罪人類學研究方面，龍勃羅梭可以說是獨領風騷；在醫學人類學領域，德‧喬凡尼堪稱領軍人物；而塞吉則更是業內公認的教育人類學方面的泰山北斗。這三個人都是各自所在研究領域專家、學者所公認的權威人士，而且在科學界都發揮出了非常重要而且傑出的作用。更加幸運的是，他們不但培養出了一大批敢想敢做的優秀學生，而且還在社會大眾的腦袋裡灌輸了他們所提倡的科學再生的理念。

毫無疑問，所有這些成果都足以我們的祖國義大利引以為傲。然而，我們今天在教育領域所展開的各種研究工作，其實都是為了全人類以及文明的發展。在這樣一項偉大的事業面前，我們意識到，所有人只有一個祖國——全世界。在這樣一項極為重要的事業中，所有為此做出貢獻的人，即使只是進行了一些嘗試、還沒有獲得成功，也值得文明世界中所有人的尊重。所以，在小學教師以及學校巡視員的共同努力下，義大利國內的各個城市裡像雨後春筍般出現了很多科學教育學的學校和人類學實驗室。雖然在它們還沒有形成一定的規模前，人們便已經拋棄了它們，但是它們依然具有非常重要的價值，因為忠誠的信念一直在激勵著它們，理性的

人們也因為它們而開啟了一扇探索科學教育學的大門。

　　毋庸贅言，此類嘗試性的研究還很不成熟，對於仍然處於發展階段的新科學來說，人們的粗淺理解，是導致此類研究不成熟的重要原因。每一項事業，無論多麼偉大，都是從不斷的失敗和不斷的完善中誕生出來的。亞西西的方濟各[05]曾經在幻覺中見到了上帝，上帝命令他說：「方濟各，去把我的教堂重新建立起來吧！」當時他覺得上帝所說的教堂是他用來做禮拜的那個小教堂。於是他立即開始動手完成上帝交給他的這項任務，甚至親自搬運石頭來重建教堂已經坍塌的院牆。後來他才明白，上帝所說的重建教堂的真正含義，其實是透過對勞苦大眾進行精神上的感化，以讓天主教重新獲得復興。但是最初那個淳樸的、認真挑選石頭的方濟各與後來那個像傳奇一樣引領人們在精神上獲得勝利的偉大的宗教改革家方濟各，他們其實是同一個人，只是在不同歷史發展舞臺上扮演了不同的角色。所以，為了實現這一偉大目標而努力奮鬥的我們，其實也是同一個人，而那些與我們一道從事這項偉大事業的人，最終也能夠實現這個偉大的目標，因為在他們的前面，還有一大群人堅信這項偉大的事業能夠成

05　亞西西的方濟各（San Francesco d'Assisi，西元 1182～1226 年），簡稱方濟各、方濟，亞西西（Assisi）天主教譯名外的中文一譯「阿西西」，是動物、商人、天主教教會運動、美國舊金山市以及自然環境的守護聖人，也是方濟各會（又稱「小兄弟會」）的創辦者（會祖），知名的苦行僧。現任羅馬教宗的聖號方濟各就是為了紀念這位聖人。

功，並且願意為之付出辛苦和努力。就像方濟各一樣，我們堅信，只要將實驗室裡的那些堅硬的、光溜溜的石頭全都搬到學校的殘垣斷壁上，就能夠重新建起一座嶄新的學校。就如同當初方濟各希望用自己的肩膀上扛著沉重的花崗岩岩石去重新建造那座教堂一樣，我們也曾經希望依靠唯物主義科學和機械科學等各門學科來重新建立一門新的科學教育學。

就這樣，為了重建教育學，我們步入了歧途，踏上了一條錯誤而狹窄的小路，假如我們想要一種真正的有生命力的教育方法，我們就必須掉頭回去，從這條狹窄的小路走出來。

透過實驗科學的方法來對教師進行培訓並不是一件輕鬆和容易的事情。即使我們盡全力幫助他們用最準確的方法學會並掌握人體測量學和心理測量學，我們也只不過是製造出了一種新式的教學機器，但這些機器到底能夠發揮什麼用處，卻很值得懷疑。事實上，假如我們根據這樣一種模式來指導教師們展開實驗，那我們就會一直滯留在理論範疇內。以前的學校用那些形而上學的哲學理論來培訓教師，這其實是為了讓教師們接受那些所謂的權威人士的思想。當討論起這些權威的思想時，他們總是口若懸河、爭辯不休，當閱讀闡述這些權威思想的文字時，他們就會全神貫注、目不轉睛。然而，我們心目中完美的科學教師不僅要熟悉那些教學

儀器，而且還要掌握動手操作這些儀器的知識和能力。除此之外，還要對他們進行智力方面的培訓——透過一系列典型的實驗使他們學會一些必需的實驗知識和技能，至少也要讓他們知道如何透過簡單的方法來做這些實驗。

但即使完成了這些，他們仍然沒有發生本質上的改變，因為最根本的變化不可能只透過外部技術的作用就能發生，更主要的還應該是透過人的內在精神的改變而發生。就目前來看，我們在培養新的教師的時候，還沒有將他們完全引入科學實驗的領域裡，他們還在實驗科學的大門外徘徊。我們並沒有將他們引入最為卓越的、最為深奧的科學實驗研究領域——只有科學的實驗，才能培養出真正的科學家。

那麼，科學家究竟是什麼呢？人們現在還沒有為科學家下一個準確的定義，有的人在物理實驗室擅長操作所有用來做實驗的儀器設備、有的人擅長在化學實驗室靈巧而又安全的處理各種化學反應，而有的人則擅長在生物實驗室裡透過顯微鏡去觀察各式各樣的生物標本，這些人也許都有資格被稱作科學家。但實際上，實驗技術真正熟練的往往不是科學家本人，而是他們的助手。在我看來，這些人也並不是真正意義上的科學家。那麼到底什麼樣的人才能被稱為真正的科學家呢？是那些採用實驗方式去探索生命的奧祕、揭示生活的真諦，最終揭開了令人沉醉的神祕現象的面紗的人——他

們從自己的內心深處情不自禁的生出了一種想要探索大自然奧祕的感覺，並且在這種特別強烈的情緒主導下變得無法自控——只有這樣的人才是真正的科學家——他們不能只懂得熟練使用實驗儀器，而應該是對大自然充滿崇敬之情，就像教徒虔誠的篤信宗教並遵守教規一樣，而且僅僅從他的外部表現就能夠看出他對大自然的狂熱崇拜。真正的科學家應該是像歐洲中世紀的特拉普派苦行僧一樣忘卻世俗的人；應該是全身心鋪在實驗室裡廢寢忘食而且對衣食毫不講究的人；應該是成年累月孜孜不倦的在顯微鏡下觀察、研究以至於眼睛失明的人；應該是對科學懷著熾熱情感而將結核病菌接種在自己身上的人；應該是為了儘快發現疾病傳播途徑而動手去觸摸霍亂病人糞便的人；應該是明知某項化學實驗可能會引發爆炸卻依然冒著生命危險去驗證自己理論的人。這些都是進行科學研究的人所應該具備的高貴特質。對於上述這些人，大自然樂意向他們展示自身各種神奇的奧祕，並將發現大自然奧祕作為一種榮譽賞賜給他們，以作為對他們勤奮忘我工作的表彰。

相比於科學家的「機械技巧」，他們的「精神」顯然更加重要。如果他們的「精神」能夠戰勝機械技巧，那麼科學家也就能夠達到自己成就的巔峰。如果一個科學家能夠做到這些，那麼他對於科學的貢獻就不僅僅在於他將大自然的奧祕

第一章　重塑教育及教育方法

揭開並展現在世人面前，而且他還對純粹的思想在哲學層面進行了總結。

我有一種觀點，我們需要在教師群體中培養這種勇於為科學獻身的精神──科學家精神，而不是簡單、機械的培養教師操作實驗儀器的技巧。換言之，對於教師的培養，重點和方向應當放在「精神」而不是「機械操作」上。例如，當我們在對教師進行科學方面的培訓時，只是想著讓他們學會一些技術，卻根本沒有嘗試讓他們變成優秀的人類學家、專業的實驗心理學家或兒童衛生學家。那我們的工作其實只是為了將他們引到了實驗科學領域、使他們在某種程度上能夠熟練操縱各種做實驗用的儀器設備而已。我們希望與教師的專門領域──學校建立連結，來對他們進行指導，努力讓他們發自內心的感受到科學的大門已經向他們敞開，他們可以擁有更加廣闊、更加美好的前景和未來。也就是說，在很大程度上，我們希望從教育工作者的大腦和內心深處激發他們對於各種自然現象的強烈興趣，從而能夠讓他們真正的喜歡大自然，他們由此可以理解一個人在準備進行實驗並且渴望從實驗中揭示某個問題時那種迫切的、充滿期待的心情。

那些實驗儀器就如同字母表，假如我們想真正的了解大自然，那就必須知道怎樣操作和使用這些儀器。但是正像一部展示作者思想的偉大書籍一樣，這份字母表裡所有的字母

只不過組成了一些外部符號或是文字，但大自然卻透過實驗的機械裝置，在我們面前顯示出了她那無窮無盡的奧祕。

就算劇本印刷得再清晰，也不會有人能夠在只知道如何拼寫課本裡所有單字的情況下，就試圖透過這種方法去讀懂莎士比亞（Shakespeare）戲劇作品中那些詞語的真正的內涵。一個單純的只知如何做實驗的人，就如同那些在單字拼寫課本中只知道如何拼寫單字、只了解其表面含義的人一樣。假如我們將教師的培訓只局限在技術能力上，那他們最終也只能停留在技術層面，而無法掌握真正的科學知識。

我們一定要設法將他們培養成一個崇拜大自然並且願意向他人進行傳播和解釋的人。他們一定要像那個學會了拼寫單字的人一樣，突然有一天發現自己還能夠讀懂莎士比亞、歌德（Goethe）、但丁（Dante）等人作品中所隱藏的思想和深意。由此可見，兩者之間是有極大的區別的，如果想要達到後者的水準，那麼前者依然還有很長的一段路要走。但是，我們卻在這裡犯下了一個很明顯的錯誤。一個已經學會了拼寫課本上全部單字的孩子會讓我們產生他已經懂得怎樣讀書的印象。但實際上他只能認得商店門口的招牌、報紙的名稱以及出現在他面前的每個單字，但他卻不能理解字面背後的真正含義。假如這個孩子進入一座圖書館，他便會被假象迷惑，覺得自己也能夠讀懂圖書館裡的每本書籍，這是很正常

的。但等到他真的開始讀書時，他就會在很短的時間內覺察到自己其實「只懂得機械的解讀字面的意思」，這實際上毫無用處，他還是得重新回到學校裡去學習。我們透過講授人體測量學、心理測量學來培養科學教育學教師的做法，情況也差不多。

我們暫且不談培養真正的科學教育學教師時會遇到哪些困難。我們甚至不想去概括性的描述一個科學教育學教師的培訓方案，因為這樣做只會將我們引向一場根本不必要的爭論之中。反過來，讓我們進行一個假設──經過長期而又耐心的培訓，我們已經讓教師做好了展開自然觀察的準備。例如，經過我們的引導，他們已經具備了研究自然科學的學者身上所具備的忘我精神──那些科學家可以在半夜的時候出發，進入森林和原野，去研究自己感興趣的昆蟲家族，並對那些昆蟲很早就醒來並進行活動感到新奇。在這裡我們以這樣一個科學家來舉例，雖然因為長途跋涉已經讓他感到疲憊不堪，但他仍舊沒有放鬆警惕，他毫不在意自己的身上沾的是爛泥還是灰塵，也不在意衣服已被霧水打溼或是正在受著炎熱太陽的烘烤，而是全神貫注的隱藏自己的行蹤，持續不斷的觀察昆蟲。他希望在觀察的同時，昆蟲可以保持自然的狀態。假設我們培訓的教師們也達到了這位科學家的水準，但科學家卻視而不見，仍然用顯微鏡觀察著那些長著特殊纖

毛的微生物。對這位科學家來說，這些生物用自己特有的方式來互相避讓，並且用自己的方法去獲得食物，牠們的智力水準很低。後來，他使用電刺激的方式擾亂了微生物已經形成固定規律的生活，然後開始觀察處在正、負極的兩組微生物的情況。再進一步進行光刺激實驗，他觀察到一些微生物是怎樣爬向光源，而另外一些微生物又是如何飛離光源的。這些情況令他在腦海裡一直在思考一個問題：昆蟲逃離和走近刺激物是否是因為同一種特性，這種特性就是牠們知道互相避讓或是如何選擇食物 —— 換言之，牠們對刺激物的不同反應是不是因為牠們只是單純的意識遲鈍，而不是具有磁鐵一樣的同性相斥、異性相吸的特點呢？假設這位科學家發現這一現象的時間已經到了下午四點鐘，此時他仍然沒有吃午飯，但等到他發現自己一直待在實驗室裡而不是在家裡的時候，他仍然會覺得非常高興。其實，早在幾個小時以前，就有一些教師曾經來叫他回家去吃飯，因此打斷了他那全神貫注的觀察。

　　試想一下，如果這位教師沒有透過科學訓練便已經具備了這樣的觀察自然現象的興趣，在工作的時候達到了這種忘我、痴迷的狀態。這固然是很好的，但卻仍然是不夠的。因為教師的工作畢竟不是觀察昆蟲或者細菌，他應該明白，真正需要他去觀察的對象是人。他要研究的不是人在日常生活

中所表現出來的行為習慣，也不能像那位研究昆蟲家族的科學家一樣，早晨一睡醒就開始對昆蟲的活動進行觀察，教師應該研究的是人在清醒狀態下的智力活動。

我們希望教師能夠培養自己對於人類的研究興趣，這種研究興趣一定要具備如下幾個特徵：觀察和被觀察的兩方應該有著親密的關係——研究動物或植物的科學家與他的研究對象之間則不具備這種親密關係。一個科學家如果不具備自我犧牲精神，便不會熱愛他所從事的研究工作。從世界觀的角度來說，這種自我犧牲精神有時需要為自己所熱衷的事業付出生命的代價，這甚至跟殉道沒有什麼區別。

可是，人與人之間的愛是一件非常親切的事情。它如此純樸，可以說無時無處不在。每個人都擁有這樣的愛，這並非那些受過教育的知識分子所擁有的特權。

為了對教師的第二種培訓模式——心理培訓進行說明，讓我們來設想這樣一個場景——當耶穌基督的第一批弟子，聽到耶穌基督向他們講述了一個世界上不存在的王國——比地球上任何一個國家都要偉大的王國、一個無比神聖莊嚴的王國時的情形，他們向耶穌基督提出了一個天真的問題：「主啊，請您告訴我們，天國裡最偉大的人是誰？」耶穌基督聽到這個問題之後，就用手撫摸著一個孩子的頭，這個孩子的眼裡充滿了好奇、崇敬的神情，瞪大了眼睛望向耶穌，耶穌

回答說：「如果有人能變得像這些孩子一樣，他就能夠成為天國裡最偉大的人。」那麼讓我們來想像一下，有一個信徒非常熱情、虔誠，他牢牢記住了耶穌基督說過的每一句話。神聖、崇敬、愛戴、好奇心以及對於達到這種偉大靈性的期盼等等複雜的感情在他的心裡交織著，所以他就開始仔細觀察這個孩子的一舉一動。可是，就算我們將一個只懂得觀察的人放到一個全是孩子的教室裡，他也並非我們想要培養出來的那種新型教師。可是，如果我們試著在他的內心深處灌輸科學家的自我犧牲精神以及門徒對耶穌那種虔誠的愛，那麼我們就培養出了教師的科學精神。從這個孩子的身上，他可以學著去完善自己，讓自己變成一位完美的教師。

讓我們再舉另外一個例子來說明這位教師的心理。你可以在自己的腦海中試著想像出這樣一個人，他是一位植物學家或動物學家，擁有技術觀察或實踐的經驗；他為了研究某種真菌而親自到野外進行觀察，而這種真菌的最大「天賦」則一直存在於原始環境之中。在野外經過了精心的觀察以後，這位科學家又回到了實驗室，依靠顯微鏡和其他的實驗儀器，盡量詳細的繼續進行自己的獨創性研究工作。事實上，作為一名真正的科學家，他了解研究大自然的重要意義。為了進行本次實驗研究，他熟練掌握了現代實驗科學所需要的一切工具和方法。

第一章　重塑教育及教育方法

假設這位科學家由於做出了重大的獨創性貢獻，被一所大學任命為科學部主席，他的工作就是對膜翅目昆蟲繼續展開獨創性研究。當他成為科學部主席之後，有一個人拿著一個蓋著玻璃蓋子的盒子讓他看，盒子裡裝著很多美麗的蝴蝶，每隻蝴蝶的翅膀張開，被大頭針固定住，做成了標本。那麼，這位科學家或許就會這樣說 —— 這只不過是孩子們的玩意，並不是科學研究中真正需要用到的東西。

更準確的說，他覺得盒子裡的蝴蝶標本更像是孩子們遊戲生活中的一個組成部分，孩子們追逐蝴蝶，然後網住了牠們。如果用蝴蝶標本來進行研究的話，那麼這位科學家就無法獲得任何成就，也無法得到任何對自己的實驗有用的結果和資料。

假如我們將一位已經按照我們的要求接受過各種科學培訓的教師安置到一所公立學校，那麼他仍然會遇到類似我們上面所說的那位科學家遇到的情形。因為孩子們在公立學校裡所受的約束極為嚴格，不能無拘無束、自由自在的展示自己的個性和特點，有時簡直就像死人一樣。在這樣的學校裡面，孩子們與標本盒子裡被大頭針釘住的蝴蝶有什麼區別呢？他們只不過是被固定在了屬於每個人的位置 —— 課桌旁邊，不停的撲打著自己的翅膀 —— 那些枯燥乏味、沒有任何意義的知識已經讓他們失去了振翅高飛的力量。

光是讓教師們在科學精神方面做好準備也是不夠的，我們必須還要讓他們進入好的學校，這樣才可以讓他們展開科學觀察和科學實驗活動。假如在學校能夠誕生科學教育學，那麼就必須建立在一個基礎之上 —— 學校要放鬆對兒童的約束，允許他們自由自在的展現每個人的特性。這才是根本上的改革。

目前在我們的學校中是否已經產生了這種科學教育學，這個問題沒有人敢回答。有些教師受到盧梭教育思想的啟發，呼籲學校將自由還給孩子們，並且提出了一些完全不現實的想法或者是含糊不清的願望，這一點是事實。可是，對教育工作者來說，他們其實並沒有弄清楚到底什麼樣的自由才是真正的自由。他們總是將鼓勵人們起來反抗奴隸制度的那種自由，還有社會自由，和我們所要說的真正的自由混為一談。儘管從思想上來說社會自由更崇高一些，但它也無法避免的受到了更多的限制。「社會自由」就如同雅各（Jacob）在夢裡所見到的天梯中的第一級。換言之，它只是代表了不完整的自由，一部分的解放，這種解放屬於某個國家、某個階級或某種思想。

但是，教育學所說的自由在範圍上要更寬。當我們擁有了一種研究生命的方法 —— 例如十九世紀的生物科學，這種自由就很好的在我們面前展示了出來。所以，就算以前的教

育學已經預見或是含糊的表達出了一種觀點：在對學生進行教育之前，首先要對他們的個性進行研究，並且讓他們充分的、自由的展現出自己的個性，但這也只是因為上個世紀誕生了實驗科學，才讓這一切變得切實可行。在此，我們並非要對這個問題展開辯論，只是想闡明這種觀點。假如有人說今天在我們的教育學中已經擁有了自由的原則，我們便會嘲笑他，覺得他就像一個小孩子，站在那個裝有蝴蝶標本的盒子面前，非要說蝴蝶還活著、還能飛一樣。那種奴隸制的教育思想自始至終都充斥在教育學之中，所以，在學校裡同樣也充斥著奴隸制那令人受到束縛的思想。只須用一件事作為例證——學校將學生的桌椅固定住了。

　　還有一個非常明顯的例子，可以證明早期那種唯物主義科學教育學的思想有多麼荒謬。憑藉錯誤的熱情和勁頭，這種思想搬運著缺乏科學依據的石頭，想要修復學校那坍塌已久的斷壁殘垣。起初，學校只有一些又窄又長的桌椅，學生們只能擠著坐在一起。後來由於科學的到來，使這些桌椅得到了改善。在這項改進工作中，最新的人類學發揮了非常大的作用。在安排學生的座位時，學校對他們的年齡、身高進行了考量，因此按照合適的高度對他們的座位進行了安排，同時還精確的計算了學生座位與課桌之間的距離，從而使學生聽課時能夠保持腰背挺直的姿勢，為的是預防學生們的脊

柱彎曲變形。後來，學校又將學生的座位一個個隔離開來，認真計算了課桌和座位之間的寬度，這就導致每個座位只能勉勉強強的坐下一個人，學生根本無法伸展自己的身體。這樣做的目的是將學生與鄰桌隔開，讓學生坐著不能動，而且能夠被教師看見 —— 因為這樣做的另一個目的是防止不道德行為在教室出現。

在教育活動中，只要一談及性道德方面的準則，就會被社會上的人們認為是一種可恥的行為，我們還能對學校這種謹慎的做法說什麼呢？我們擔心孩子們純真的心靈會受到玷汙，但卻將科學引向了這樣一種虛偽的形式，使之成為「虛構事實的機器」。不但如此，這種科學還打著「熱心助人」的幌子，做出了更加過分的事情，在付出了限制學生自由的代價之後，對學生的桌椅進行改良，使孩子們的自由受到了最大程度的限制 —— 只要讓孩子們坐著不動，就可以約束他們的每一個動作。

一切都是這麼安排的，一旦孩子坐到了自己的座位，課桌和椅子就會迫使他保持那種挺直的姿勢 —— 學校認為這是一種舒適的有利於孩子身體健康的坐姿。每個學生的座位、腳凳和課桌的位置都被精心的安排好了，以至於孩子們在學習的時候都無法伸展自己的身體，只能專心致志的去做自己的功課。那點有限的空間只能讓孩子把身體挺直的坐在

那裡。教室裡的課桌和板凳就是透過這種方式向著完美的方向發展的，每個崇拜科學教育學的人都能夠設計出一種符合科學原理、具有示範作用的課桌。很多國家都對本國設計的「民族課桌」感到極其驕傲 —— 在課桌不斷創新發展的激烈競爭中，這些各式各樣的課桌甚至申請了專利。

　　毋庸置疑，這些桌椅的製作肯定符合一定的科學依據。在身體和年齡資料的測量和診斷時會用到人類學，在對人體肌肉組織的運動進行研究時會用到生理學，在對直覺反應進行考察時會用到心理學。最關鍵的是，學校在為了防止學生脊椎骨發生彎曲而做出重大努力時用到了衛生學。這些桌椅確實是學校依據人類學對兒童進行了細膩的研究之後才製作出來的。但這也正是我們機械的照搬科學並將其應用於學校和教育的一個實例。

　　我有一種預感，不久之後我們就會對學校這種做法感到非常震驚。很難理解，人們在普遍關注嬰兒衛生學、人類學、社會學，以及研究人類如何在思想上獲得綜合進步的時候，竟然沒有及時發現學生課桌這種根本性的錯誤。如果我們能夠注意到，近年來差不多每個國家都展開了各式各樣保護兒童的運動，這也必將導致我們對此事感到更大的驚奇。

　　我認為，用不了多長時間，人們便不會再相信對這些科學桌椅的描述。或許人們會懷著強烈的好奇心去看看和摸一

摸這些預防學生脊椎彎曲的桌椅。

這些科學桌椅的誕生顯示學生們受到了一種制度的束縛，儘管他們天生身體強壯、腰桿挺直，也要繼續受這樣的束縛。殊不知，這樣的束縛反而可能會讓他們駝背！從生物學的角度來看，脊柱是人體骨骼中最基本、最主要、最古老的一部分，更是我們身體中最堅韌的一部分──遠古時期，當人類與沙漠裡雄獅決鬥時、當他們打敗了猛獁象時、當他們開採出堅硬的岩石以及為了使用方便而鑄造鐵器時，由於與外界的殊死博鬥而讓強壯的脊柱變得非常堅固，現在居然因為學校的沉重枷鎖的束縛而讓脊柱被壓彎──再也不具備抗拒壓力的能力了。

更加令人難以理解的是，目前正在全世界蓬勃發展起來的社會解放運動竟然沒能讓那些發明所謂科學桌椅的人得到任何的啟示，這些桌椅竟然還在學校充當把學生當成奴隸，束縛和抑制學生發展的工具。這個時代，其實就是人民從不公正的枷鎖下求得解放的年代。

很明顯，社會生活中的各個方面都展現出了向社會自由發展的良好趨勢。民間政治團體的領導者將社會自由作為口號，代表勞苦大眾反覆呼籲，要求擁有這種自由，科學出版物和社會主義出版物也表達了同樣的呼聲，報刊、雜誌裡全是類似的文章。工人雖然吃不飽，但他們卻不是要求獲得滋

補品，而是要求改善自己的經濟條件來預防營養不良狀況的發生。礦工們每天都要彎著腰工作很長時間，因此他的腹股溝很容易破裂，但他們並沒有要求為自己的腹部配備什麼支撐物，為了能夠像其他人一樣過上健康快樂的生活，他們的要求是減少工作時間、改善工作條件。

同樣是處於這樣的社會發展階段，當我們發現孩子們在學校的學習環境很不衛生，甚至已經妨礙了他們的正常發育 —— 導致脊柱發生變形的時候，對於這種糟糕的情況，我們的應對辦法卻是設計出一種科學的桌椅，用來矯正他們變形的脊柱。這種做法極端錯誤，幾乎就像是替礦工提供腹部支架或是向飢餓的工人提供毒藥一樣。

不久之前，有一位覺得我對學校的所有科學革新持贊同和支持態度的女士，洋洋得意的在我面前展示了一種可以被稱為保護架或支架的學生用的裝置。作為這個裝置的發明者，她覺得這種裝置完全可以代替學生的桌椅。

在外科醫學上，還有其他的方法可以治療脊椎彎曲。在這裡或許我應該提一下整形儀器、支架以及定期將孩子掛起來的「懸掛療法」。這種療法是透過將孩子的頭或者胳膊在一定的時間內懸掛起來，以便讓孩子的身體伸直並矯正他的脊柱。在如今的學校裡面，這種像課桌一樣形狀的整形裝置很受歡迎，有人甚至提出了用支架來做脊柱支護的建議 ——

這種整形措施可以說是更進一步了。

所有這些都是我們在已經頹廢的學校裡推廣科學方法時所產生的必然結果。很明顯，真正合理的防止學生脊柱變形彎曲的方法是改變學生們錯誤的學習方式，不要再強迫他們每天從早到晚長時間保持那種有害的學習姿勢。孩子們最需要學校做的是給他們自由，而不是對桌椅的結構進行改良。

就算這種固定的座位對孩子的身體發育是有利的，但由於它們不能搬動，所以打掃環境時很難徹底將教室打掃乾淨，這就導致教室的環境變得既危險又不衛生。因為學生的腳凳是固定的，所以他們白天從街道上沾染在腳上的灰塵很快就會在腳凳下面堆滿。現在，人們在家裡用的家具都已經發生了很大的改變 —— 更加簡單和輕便，這樣的話人們便能夠輕鬆的移開它們，掃去附在上面的灰塵，有些家具甚至可以用水清洗。可是，學校卻依然頑固不化，對社會大環境的轉變視而不見，還在堅持錯誤的做法。

這就迫使我們必須做出進一步的思考，孩子們在這樣人為造成的受束縛的環境下成長，以至於連骨骼都變形了，他們的精神世界又是什麼樣的呢？當我們談到對工人進行補償的時候，人們往往都會覺得應該協助工人解除貧血、疝氣以及類似的痛苦。可事實上呢，除了這些痛苦之外，他們還有別的傷口，比如他們那正遭受奴隸一樣的束縛以及飽受折磨

的痛苦心靈。當我們說一定要給工人更多的自由並以此補償他們的時候，我們所指的就是要消除他們在心靈上所受的折磨。我們都明白，當一個人已經耗盡心血或是他因為長時間工作而變得飢餓難耐時，他的心靈就會受到黑暗的壓抑，這個人也會變得麻木，他的內心甚至早就被摧毀了。奴隸在道德上的墮落成為人類進步的沉重負擔，人類想要奮力向前，就要徹底甩掉這樣的包袱，卸下這樣的精神負擔。因此，我們的吶喊是為了拯救人們的靈魂——而不是為了拯救他們的肉體。

那麼，在面對兒童教育問題的時候，我們又該說些什麼呢？對於教師的窘境，我們其實很清楚。上課時，她要在學生的腦子裡強行灌輸很多枯燥無趣、殘缺不全的知識。為了完成這個無聊且乏味的任務，她覺得有必要對自己的學生進行約束，比如讓他們在座位上一動也不能動，然後強制命令他們認真聽講——對教師來說，獎賞和懲罰就是一種現成而有效的輔助方法。

現在的學校，獎賞已經變得不再那麼重要，而廢除毆打、鞭笞等懲罰卻變得非常重要，人們都覺得這是正確的做法，這些局部性的改革措施也獲得了科學的認可。獎賞和懲罰是另外一種意義上的支撐物，頹廢的學校需要它們來支撐。假如我可以表達自己的意見，我覺得這些獎賞和懲罰就

像是靈魂的桌椅，是奴隸制從精神上壓迫人類的一種工具。但是，在學校裡，它們不但沒有使學生身體的畸變減輕，反而使這種畸變加重了。就算透過獎賞和懲罰的方式達到了讓學生努力學習的目的，這樣的學生也會被認為是被強迫的。我們從來都不敢肯定的說，孩子的自然發展與獎賞、懲罰有什麼關係。以賽馬為職業的騎手在上馬之前會餵給馬一塊糖果，馬車夫為了讓拉車的馬對韁繩發出的信號有所反應而鞭打自己的馬。但是，無論是哪一種情況，這兩種馬都無法與田野中自由馳騁的駿馬相比，更不會像駿馬一樣跑出那麼雄壯的氣勢。

那麼，在教育學生的時候，我們應該替學生戴上枷鎖嗎？的確，我們通常都會說，社會的人就是戴著枷鎖的自然人。可是，如果我們能夠把自己的視野再拓寬一些，看看社會上道德的進步已經到了什麼樣的程度，我們就會發現，這種枷鎖正在逐漸放鬆。換言之，我們可以看到自然或生命正在慢慢走向成功。僕人的枷鎖取代了奴隸的枷鎖，而工人的枷鎖又取代了僕人的枷鎖。

包括女性奴隸在內的所有奴隸制形式正在日漸削弱和消失。對人類來說，文明的歷史其實是一部征服與解放的歷史。我們應該問問自己，我們現在所處的文明到底發展到了哪個階段。我們還要躬身自省，人類文明的進步必須依靠獎

賞和懲罰的激勵嗎？假如我們已然經過了這個階段，卻仍然在應用一種落後的教育方式，那麼勢必就會將新的一代人拉回到較低的文明水準，而不是引領他們進入真正先進的優良傳統之中。

在社會上，有些情況與學校這種情況極為類似。職員們每日辛勤工作，為國家創造了利益，可是他們卻並未感覺到或是親眼見到自己的工作成果 —— 沒有得到任何形式的獎賞或者酬勞。也就是說，他們並不知道政府是靠著他們的日常工作才得以正常運轉的，而且整個國家也都是因為他們的工作才受益的。他們獲得的最直接好處就是晉升職務，就像低年級學生會變成高年級學生一樣。一個無法認清自己真正工作目標的人，就如同學校裡被降級的小孩一樣，進入了一個低於自己真實水準的班級裡。他的人格尊嚴因此受到了貶低，就如同一部只能靠加油才會運轉的機器。所有的繁瑣事務 —— 希望被授予勛章、獎章等，都不過是一種人工刺激方式，這些方式只能短暫照亮一個人走過的黑暗、荒涼的小徑。

我們在獎勵學校裡的兒童時，採用的就是同樣的方式。學生因為害怕無法升入高年級而刻苦讀書，職員們則害怕無法得到升遷而被迫不敢離開目前的工作職位，這就讓他們受到了枯燥乏味的工作的束縛。上級對職員的指責就像老師訓

斥學生一樣。指出職員糟糕的工作並提出修改意見，與老師對學生拙劣的作文評一個很低的分數差不多，兩者甚至可以說是完全相同的。

可是，倘若政府各級行政部門不能以一種看上去能夠令國家強大方式來運行，而且貪汙腐敗的行徑四處橫行，那職員內心所追求的真正偉大的含義也將不復存在，而他的視野也只會局限於那些零碎的小事情——比如他認為可以當作獎賞和懲罰的直接依據的東西。一個國家之所以能夠屹立不倒，就在於它有很多清廉正直的雇員抵制貪汙腐敗，並且始終遵守不可更改的誠實守信的原則。就像這個社會裡的生命在戰勝了死亡和貧困之後，繼續對新的困難展開征服一樣，自由的天性能夠征服每一個障礙，不斷獲得新的勝利。

這種力量是每個人都具有的生命之力，它總是潛伏在人的內心深處，但這也正是推動世界不斷向前邁進的一種力量。然而，一個真正的人為了完成自己的工作，一個真正能夠做出偉大之事並獲得成功的人，從來都不會靠那些「獎賞」、更不會害怕遭受「懲罰」而激勵自己努力工作。如果發生了戰爭，有一支偉大的由巨人組成的軍隊和一群並不盼著獲得獎章、升遷、肩章或是害怕自己被射殺、充滿了愛國精神的矮人去交戰，那麼也必將是後者獲得勝利。在一支軍隊裡，如果真正的英雄主義已經消逝，那麼獎賞和懲罰能夠發

揮的作用就只是讓人們去做一些頹廢的工作，並慢慢走向腐敗和怯懦。

正是由於人具有精神動力，人類才能不斷獲得勝利和進步。

假如一個年輕人能夠靠著興趣來激勵自己學習，將醫學作為自己的天職，那麼他也就有了成為一名偉大醫生的可能。但是，假如他做某項工作只是為了獲得遺產或是令自己滿意的婚姻，又或是為了得到物質上的利益而工作，那麼這個人永遠也不可能成為真正的大師，不可能成為偉大的醫生。這個世界也永遠都不會因為他的工作而進步。一個只能夠透過利益驅使才去工作的人，永遠都不會成為一名優秀的內科醫生。每個人都有一種獨特的脾氣、獨特的天職，獎賞制度卻有可能使一個人的天職發生變化，甚至會讓他選擇一條對他來說沒有任何意義的錯誤道路，並且迫使他沿著這條路繼續走下去，人類的自然活動也許會因此被扭曲、降低，甚至是消除。

當然，確實也有一種對人類的外部獎賞存在著，例如，一個演講者看到臺下聽眾的表情正在隨著自己所喚起的感情不斷發生著變化，他就會覺得自己正在經歷一件很美妙的事，這時他的情感就只有強烈的快樂感。這讓他覺得聽眾對他是非常喜歡。而我們的歡樂來源也正是感動別人、讓他們

的靈魂被征服，這種獎勵能夠為我們帶來真正的補償。

有時候，在某些短暫的瞬間，我們也會幻想自己變成世界上一位偉大的人物。這個人得到的那些幸福時光讓他覺得自己可以繼續平靜的生活。也許是由於我們獲得了別人的喜歡，或許是由於有個孩子送給了我們一件禮物，在某些時候，我們覺得世界上沒有其他人會比我們更偉大。那時，假如有人被奉為權威人士，並且站出來為我們頒發獎牌或是獎賞，那麼他其實是最大程度的破壞了我們所得到的真正獎賞。

對正常人來說，他的心靈會因為心情舒暢而趨於完美，而懲罰則通常被認為是對人的束縛。或許懲罰會讓那些在邪惡環境裡長大的人變得更加品行低劣，但是這只是極少數的情況，這個社會因為他們的影響而停止前進。假如我們無法老實的遵守法律為我們制定的規矩，那麼刑法就成為對我們的懲罰。但是，我們卻不會因為害怕法律的制裁而變得老實起來。我們為什麼沒有去搶劫、殺人？因為是我們熱愛和平的人，我們的生命自然而然的引導著我們向好的方向發展，而那些低劣、邪惡的行徑，生命則明確的讓我們離得越遠越好。

假如不去深入思考與這個問題有關的道德因素以及純哲學觀點，那我們就能夠非常肯定的說，假如一個人在犯罪前

就知道存在著懲罰，那麼他一定能夠感覺到刑法對他的震懾。他了解刑法或是被教唆犯了罪，他覺得自己可以逃脫法律的制裁。他的腦海中也不斷進行著犯罪或受懲罰的爭鬥。不管刑法是否可以有效的阻止犯罪的發生，但是毋庸置疑，它是為很有限的那一類人而制定的 —— 也就是罪犯。絕大多部分的市民都是老實人，他們才沒有時間去考慮法律的制裁。

對一個正常人而言，真正的懲罰是不能意識到個人的力量有多麼偉大，這是一個人精神生活的泉源。在這樣的情況下，教育是能夠對人有所幫助的。

現在，我們讓學生到學校裡去學習，用那些工具 —— 桌椅、物質方面的獎賞和懲罰，來限制學生們的活動，並損害他們的身心健康。我們的目標是為了讓他們坐著不動並且保持安靜，但這又能夠將他們引向哪裡呢？反正不可能將他們引向正確的目標。

對於兒童，我們的教育，總是將學校安排好的知識內容灌輸給他們。這些教育的內容通常是官方的教育部門計劃和編制好的，法律會強制教師將這些內容教給學生。

唉！學生們的心裡因此而滋生了那種遲鈍無知、漠視生活的情感。對此，我們應該羞愧的低下頭，再用雙手把內疚的臉捂住！

塞吉誠懇的說：「當今社會迫切的需要對教育和教學方法進行重新改造。那些為了這項事業而努力奮鬥的人，其實是在為人類的重生而奮鬥。」

第二章
蒙特梭利教育方法的由來

　　我感受到了這樣一種啟示，一開始對孩子進行教育的時候，老師一定要將自己的聲音和教具結合起來，以此來呼喚、誘導孩子。不論是遭受了不幸的孩子，還是不開心的孩子，都要尊重他們、熱愛他們。因為當別人靠近他們時，能夠將他們的熱情點燃。

　　要想建立一套科學的教育學體系，就必須另闢蹊徑——尋找一條與以前的教育學完全不同的路。學校的轉變和教師的培訓兩項工作是必須要同時進行的。要讓教師變成一個觀察者，讓她熟悉各種做實驗的方法，而且要讓她到學校裡去觀察和做實驗。在科學教育學中，一個最基本的原理就是學生可以獲得充分的自由，即允許兒童個性得到發展，讓他們在展露個性的時候不會受到任何的阻礙。假如這門新的學科需要對兒童的個體展開研究，那麼它所選擇的觀察的對象就必須是那些自由自在、無拘無束的兒童。

　　實驗科學的每一個分支學科，最終都會形成一種方法並將它應用於自身。細菌學這門科學就是採用了隔離方法對細菌進行研究，而由於人們將人類學的研究方法應用於諸如罪犯、精神病人、臨床患者和學者等各式各樣的人身上，才獲得了犯罪人類學、醫學人類學、教育人類學方面的進步。所以，從出發點來看，實驗心理學需要對實驗過程中用到的技術做出精準的定義，然後在實驗科學的具體實踐中獲得準確

的結論，這種結論只能透過實驗獲得，這一點是很重要的。而且在對實驗進行闡述時，實驗科學還有一個重要特徵——它絕對不會帶著任何成見去匯出一個最終的實驗結論。舉個例子，人的大腦與智力的差異有著非常密切的關係，假如我們想要對大腦的情況進行研究，那麼在進行實驗的時候就一定要具備如下條件：在對被研究者進行測試的時候，不能對其中最聰明的人和最遲鈍的人帶有絲毫的偏見。如果認為一個人是聰明人，他的大腦肯定就發育得完善，那麼這種先入為主的看法就會在很大程度上對研究結果產生影響。因此，如果我們想要採用實驗心理學的方法，那麼做實驗的這個人首先要做的就是丟掉此前的所有信念，去除所有成見。換言之，千萬不能有任何的教條思想——在兒童心理學方面，我們也許就存在這樣的問題。因此，我們應該拋棄已經存在的教條思想，盡可能的讓孩子獲得完全的自由。要想透過觀察孩子的自然行為來獲取一些有用的結果，而且這些結果有助於我們創建真正符合科學精神的兒童教育學，我們就必須將自己腦子裡所有的教條思想全都丟掉。

只有不斷的透過實驗的方法來戰勝各種偏見，才能建構起兒童教育學和兒童心理學的科學內容。

所以，我們所需要解決的問題是，建立一套非常適合實驗教育學的方法，這套方法不能是其他實驗科學中已經使用

的方法。科學教育學處在人類學、衛生學和心理學的範圍之內，儘管它將自己的研究範圍局限在受教育的個體上，所做的也都是一些特殊的研究，但它卻用到了上述三個學科的部分技術、方法和特性，這的確是事實。目前的研究工作有一部分與實驗教育學所採用的方法有關，這是我在「兒童之家」工作的兩年間，透過不斷總結經驗得出的結果。在這種研究方法上，我只是拋磚引玉，將它用來研究 3～6 歲兒童的教育。我相信這些試驗性的研究能夠在這項工作的後續研究過程中為人們提供有益的啟示──它們確實提供了一些讓人吃驚的研究結論。

其實，經驗在我們的教育體系中具有非常顯著的作用，這一點已經被證實了。儘管到目前為止，教育體系還沒有完全建立起來，而且還很不完善，在從小學一年級開始就對孩子們進行管理和教育的學校裡，這一體系還不能完全應用。

還有，我說自己目前的研究成果來自過去兩年我在「兒童之家」的工作經驗，或許這句話不太確切。事實上，這種教育體系的使用由來已久，我們需要記住的是，它源於以前對畸形兒童的教育，從中獲得的實踐經驗，展現出了人們為探索科學的教育體系所付出的長久的努力。

大約 15 年之前，那時的我在羅馬大學的精神病治療診所擔任助理醫生，因此經常有機會進出精神病院，進行精神病

方面的研究並且為診所挑選合適的精神病人作為研究對象。由於這項工作，我開始對智障兒童產生了興趣，當時他們還在普通的精神病醫院進行治療。當時甲狀腺器官療法已經非常發達，這使得外科醫生注意到了那些身體有缺陷的兒童。在我完成了醫院的日常工作之後，也將自己的注意力轉移到了這一方面。

就這樣，我懷著極大的興趣開始研究智障兒童。我深入鑽研了愛德華·塞金的教育理念和方法，針對這些不幸的兒童，設計出了一些特殊的教育方法，並總結了這套教育方法的核心思想。「教育療法」對耳聾、白痴、佝僂、中風之類的精神性疾病有著非常顯著的療效，在外科醫生中間，這種思想也開始廣泛流行起來。人們覺得在治病時一定要將教育學和醫學兩種方式結合起來。這種觀點的產生，可以說是時代進步的結果。由於這種思想傾向的影響，採用體育鍛鍊來干預疾病治療的方法也逐漸流行開來。但是我與同行們在觀點上的不同之處在於，我覺得一個智力有缺陷的人應該解決的是教育問題，而非醫學上的問題。人們在如何對智障兒童進行研究和教育的醫學研討大會上已經發表了大量不同的觀點。西元 1898 年，在杜林舉辦的一場教育學大會上，我做了一場演講，題目是「精神教育」，闡述了一種全新的觀點。我認為，有一根正在振動的琴弦再次被撥動，在教師和外科醫

第二章　蒙特梭利教育方法的由來

生中間，這一觀點產生了很大的迴響，它也因為向學校提出了一個非常有趣的問題而被迅速傳播開來。

圭多·巴切利（Guido Bacelli）——我的導師，偉大的教育部長，曾經來拜訪我，並請我向羅馬大學的教師們講一講如何針對智障兒童進行教育。然後我又在州立行為心理學學校——我在這裡已經做了兩年多的管理工作，開設了一門關於智障兒童的教育課程。

在這座學校，我每天都會對孩子們上課。在小學裡，他們被認為是頭腦愚鈍、無藥可治的學生。後來，慈善機構幫助我們成立了一所醫學教育學院，除了接收公立學校的孩子之外，羅馬所有精神病院裡正在接受治療的智障兒童也都被我們接收了。

在同事的幫助下，我用了兩年的時間設計出了一種特別的方法，幫助羅馬的教師們對智障兒童進行觀察和教育。我不但要培訓教師，而且還有更重要的工作——為了研究這種方法，我還在巴黎、倫敦待了一段時間，然後我就開始全身心的投入到兒童教育的具體工作中。

從某種角度說，我就是一位小學教師，因為我從上午8點到晚上7點要一直不間斷的向孩子們講課。這兩年的實踐也讓我在教育學方面獲得了第一個學位，其實這也是我獲得的第一個真正的學位。在我剛開始從事這項工作的時候，我

就覺得我所採用的方法在智障兒童的教育方面確實有著明顯的不同之處。我堅持認為，與人們目前正在使用的教育方法相比，我的教育方法在原理上更加合理，透過這一方法的採用，兒童低下的智力可以獲得進步與發展。我在這一方面投入的感情極為深厚，甚至進入我的內心深處，當我為了探尋更好的教育智障兒童的方法而離開這座學校之後，這種情感幾乎全部控制了我的思想。我漸漸產生了一個堅定的信念，如果將同樣的方法用在正常兒童的身上，它們就會在發展和解放兒童天性方面展現出神奇的、令人不可思議的效果。

自此之後，我就開始對矯正教育學展開了真正的、詳盡的研究，希望對正常的兒童進行教育學及原理方面的研究。因此我還在大學哲學系註冊成為一名學生。雖然我不確定能否夠讓自己的想法得到驗證，但在這樣一種偉大信念的鼓舞下，為了深挖、拓展這種思想，我放下了其他所有工作。為了完成這項結果未知的工作，我幾乎已經做好了全部的準備。

法國大革命時期，一位外科醫生 ── 伊塔爾的工作成為智障兒童教育方法的源頭，那位外科醫生獲得了在醫學史上非常顯赫的成就，他是醫學上一個重要分支學科 ── 耳科的奠基者。他也是首位嘗試對人的聽覺進行教育的醫生。他曾經在巴黎的一個聾啞人機構進行實驗，並成功的讓那些還

沒有完全失去聽力的人重新聽清楚聲音。後來，他又花了 8
年的時間來照顧一個智障男孩，這個孩子被眾人稱為「阿韋
龍野孩」。在治療耳病方面，他的方法產生了很好的成效，
他還將這些方法進行了拓展，用於治療人體所有的感知官能
缺失。

在教育學方面，伊塔爾寫了很多非常有趣的著作，其中
詳細的描述了他在教育方面的經驗和成果，所有讀過這些著
作的讀者都必須承認，這些教育的成果與經驗可能是最早的
對於實驗心理學所展開的嘗試。不過，真正完整的建立起
智障兒童教育體系的人卻是愛德華・塞金。他原先是一名教
師，後來做了外科醫生。他在伊塔爾的教育理論和經驗的基
礎上，對精神病院的智障兒童進行了長達十年的鑽研，並將
研究成果在巴黎的魯・皮加勒的一所小學中進行應用。西元
1846 年，巴黎出版了他的一本名為《智障兒童教育中的心理
衛生治療》的著作，書中首次闡述了這一教育方法。後來，
塞金移民美國並在那裡創辦了很多用於教育智障兒童的機
構。在對自己 20 年的工作經驗進行了系統的總結之後，為了
更加詳細的闡述自己的教育方法與理論，塞金又出版了這本
書的第二版。

第二版在標題上與第一版完全不一樣 ——《智障兒童
及其生理學方法治療》。西元 1886 年，這本書在紐約正式

出版。塞金在書中詳細的闡述了自己的教育理念，並將他的教育方法命名為生理學方法。在這本書中，這種方法不只是「智障兒童教育」的方法，而是採用心理學的方法對智障兒童進行治療。

我還在精神病診所當醫生助手的時候，就抱著極大的興趣讀了愛德華‧塞金這本書的法文版。20年後，它的英文版才在美國紐約出版。其實，雖然這本書是用英文出版的，但它在英國卻並不怎麼出名，這讓我意識到人們對塞金的教育體系並未真正理解。事實上，儘管所有與智障兒童教育相關的機構、著作都在不斷的引用塞金的著作和方法，可是它們所說的卻都是南轅北轍、詞不達意。

我發現，教育智障兒童的方法和教育正常兒童的方法，或多或少都有一些相似之處。尤其是德國，儘管在智障兒童學校的教育博物館裡，特殊的教學儀器擺放得四處都是，但它們卻很少被使用。這個國家的教育工作者始終堅持採用教育正常兒童的方法來教育智障兒童。

我曾經在比奧特待過一段時間，看見那個地方的老師手裡雖然也拿著由塞金編著的法語課本，可是他們卻只採用了他的教學工具，卻沒有用他的教育方法。他們採取純粹的機械式方法進行教學活動，每位教師只是嚴格根據字面的意思去執行相關的規章制度。但是，包括倫敦和巴黎在內，在我

曾經待過的所有地方，我所渴求的那種新的教育方式和經驗不過是一種幻想罷了。

在研究了歐洲所有的教育方法之後，我來到羅馬，從事了兩年的智障兒童教育工作，不僅按照塞金書裡所說的方法展開教學工作，而且從伊塔爾有名的實驗裡獲得了很多的幫助。

在塞金和伊塔爾的精神的指引下，我製作出了大量不同樣式的教學工具。可以說，不管在什麼樣的教育機構裡，我都從來沒見過這麼豐富和完善的教學儀器。在那些懂得如何運用這些工具的人手裡，它們是那樣的有效、那樣的出色。

我可以理解那些教育智障兒童的老師為什麼總是會垂頭喪氣，也能明白為什麼他們會在很多情況下選擇放棄這種教育方法。人們覺得教師應當將自己和學生放在同樣的位置，這樣的偏見將教育智障兒童的教師貶低成了一種沒有感情的人。他覺得自己教育的學生是一個智能低下的人，而正是由於這樣的原因，他才沒有獲得成功。那些老師總是靠著遊戲或一些愚蠢的故事嘗試把自己和智障兒童放在同樣的地位，以此來讓自己與智障兒童更加親近。我要求這些老師要懂得如何去喚醒在孩子心裡潛伏著的真正的自我。我敢肯定，教學儀器絕對做不到這一點，我們要呼籲並鼓勵老師們去使用這些教學儀器，透過這些儀器的使用來喚醒和教育孩子們。

在我工作期間，對這些不幸的孩子的關切，以及怎樣讓這些智障孩子覺醒的方法，都對我產生了很深的影響。

塞金在這個問題上的看法跟我是一致的。在對塞金那些帶有試驗性質的工作進行研究之後，我非常清楚的明白了一點，他使用的第一種教學工具其實是一種心靈的工具。事實上，他曾經簡要介紹過自己的研究工作，並將其寫在了那本法語著作的結尾。塞金說，假如教師在學校的教育工作中沒有做好準備，那他所建立起來的一切就將失傳或是失去任何作用。對於那些教育和培訓智障兒童的老師，塞金有一種特別的期待，他要求每一個老師們看上去都很和善、聲音很好聽，老師對於自己的容貌的每個細節也要十分注意 —— 要盡最大的努力讓自己變得更加迷人。塞金說，老師們必須要讓自己的舉止、聲音、相貌具有強大的吸引力，因為他們要做的就是去喚醒智障兒童疲倦、脆弱的心靈，引導他們認識到生活中存在的美和力量。

我們要遵照心靈的指示來行動，這是一種信念，是一把打開祕密之門的鑰匙，它幫助我真正理解了愛德華・塞金所有的精彩教學實驗的偉大意義。在對智障兒童進行的時候，假如人們正確的理解了這些實驗，那它們就能夠變成真正有效的工具。由於我將這些實驗作為工具來使用，也獲得了非常驚人的效果。同時也領悟到，我們所說的鼓勵、舒適、關

愛、尊重等，都源自人的內心深處，如果我們為它們提供更多自由的空間，就能夠更多的讓我們的生命力得到恢復和振作。缺少了精神上的這種刺激，就算外部的刺激再多再大，這些孩子也許都會視而不見。

從這時開始，我就獨自開始了這項新實驗。在此我並不想對這些實驗進行詳細的介紹，只不過要做出說明，我正嘗試著透過一種新穎的方法來教學生們去閱讀和寫作，這也是兒童教育內容的一部分，但在伊塔爾和塞金的著作裡面，這一部分還不太完善。

很多從精神病院出來的智障兒童在我的教育下成功的具備了很不錯的閱讀能力和寫作能力，我帶著他們到公共學校，讓他們和正常的孩子參加了同樣的考試。結果這些孩子在考試中全部成功通過。

有人可能會對這樣的成果感到難以置信，但在我看來這並沒有什麼好奇怪的。這些來自精神病院的智障兒童之所以能夠與智力正常的兒童同場競賽，是因為他們透過一種全然不同於以往的方式接受了成功的教育。他們在心靈發展的過程中有幸得到了幫助，但正常兒童的心靈在發展時卻遭遇了抑制與阻礙。我想，假如這些令智障兒童獲得奇蹟般發展的特殊的教育方式有朝一日能夠被應用於正常兒童的教育，那麼朋友們所討論的這種「奇蹟」可能就不會再出現了。一旦

正常兒童獲得了全面的發展，那麼智障兒童和正常兒童在智力上存在的鴻溝之上就永遠無法架起連通的橋梁。

當人們對我在智障兒童教育方面獲得的成就表示羨慕時，我卻開始了新的探索——到底是什麼原因，令普通學校裡那些健康的、快樂的孩子的智力一直停留在很低的水準，以至於我的那些不幸的智障學生在智力測試中都能夠獲得與他們幾乎相同的成績。

有一天，有位智障兒童學校的女校長請我為她朗讀了一段伊齊基爾（Ezekiel）的預言，她對這段預言印象非常深刻，因為它就像是專門為教育智障兒童所寫的一樣。這段預言是這麼說的：

上帝用手摩挲著我的頭，引領著我來到了他的聖靈之中，然後將我放到了一條充滿了人的白骨的河谷中央。

上帝讓我從這些白骨中走過去，在寬闊的河谷中，我看到了很多白骨。

看啊！它們全都乾枯了。

上帝對著我說道：「孩子，你覺得這些白骨還能變成活人嗎？」我說：「啊，上帝，我覺得這個問題只有您才知道正確答案。」

上帝又說道：「你走到這些白骨跟前，向他們發出預言。」

啊，要讓這些乾枯的白骨聽到上帝的話。上帝會對這些白骨說：「看吧！我會在您們的身體裡注入氣息，到時候你們就能復活；我會在你們的骨頭上掛上筋腱，賜予你們血和肉，再替你們的身體外面覆蓋一層皮膚，然後注入氣息，那時你們就能復活；到時候你們會知道，我就是上帝。」

隨後，我按著上帝的命令發出了預言。在我發出預言時，我聽到了一種聲音，看見白骨在晃動，然後這些白骨聚攏在一起，形成了人體的骨架。

當我親眼看到這一切的時候 —— 看啊，這些白骨又生出了筋腱和血肉，表面也覆蓋了一層皮膚，可是它們還沒有呼吸。

接下來上帝又對我說道：「孩子，去預言風，去對風說，就說上帝說了，風啊，從四面八方吹過來吧！啊，呼吸，呼吸這些風吧，然後它們就復活了。」

我按照上帝的指示發出了預言，氣息進入了它們體內，這些白骨復活啦！它們用腳站在地上，組成了一支偉大的軍隊。

後來，上帝又對我說道：「孩子，這是以色列整個家族的白骨。看，它們在說 —— 我們的骨骼乾枯了，我們失去了希望，我們被剁成了碎塊。」

其實，對我而言，這裡面的一些話——「我會在您們的身體裡注入氣息，到時候你們就能復活」說的就是教師輔導學生學習，鼓勵他們、喚醒他們、幫助他們，做好對他們進行教育的準備。至於其他的話——「我會在你們的骨頭上掛上筋腱，賜予你們血和肉」，則令人想起了對塞金全部教育方法進行概括與總結的一些短語：「從肌肉系統進行教育，然後從神經系統和感官系統進行教育，要對孩子加以引導，或是親自引領他們去學習。」就是如此，塞金讓智障兒童學會了怎樣走路、怎樣在最困難的身體活動過程中保持平衡——例如爬樓梯、跳高等動作。從一開始，他就讓孩子們接觸並了解到溫度的差別，又對他們的肌肉感覺進行教育，直到他們產生了特殊的感覺，最後，他還教會了孩子們怎樣進行感知的判別。

可是，假如不對智障兒童展開進一步的訓練，我們便只能讓他們以一種低人一等的生命方式來面對生活。我們要做的是「喚醒他們的心靈」，就像預言裡說的一樣，讓白骨擁有心靈、也有了生命。其實，塞金改變了以往那種對智障兒童如同對待一株植物一樣呆板而又單調的教育方式，真正從淺到深的完成了感官能力、普通觀念、抽象思維、精神思想等各個層次的教育。正是在這項神奇的工作完成之後，由於生理學分析方法和教育方法的慢慢改善，智障兒童智力才能變

得正常，但與真正智力正常的人比起來，他的智力仍然有所不及，仍然無法全面的適應整個社會環境。

所有人都感受到了這一點，很多人說：「在對智力正常的兒童進行教育這一方面，要做的工作還有很多！」

塞金的教育方法在我看來是正確的方法，這一點在我對智障兒童展開教育的實踐活動中得到了很好的證明。這之後，我又開始更為仔細的研究伊塔爾和塞金兩人的著作。我覺得自己需要深入的思考。而且我還做了一件自己以前從未做過的事情，也許沒有幾個學生想過要做這件事 —— 將伊塔爾、塞金的出版的外文書翻譯成義大利語，從頭到尾我都是親自動手抄寫，我認為這對我編寫自己的書是有幫助的。

為什麼要親自動手翻譯並抄寫呢？主要是我覺得這樣可以去從容的斟酌每一個字的含義，讓我能真正理解作者想要表達的意思。當我收到塞金西元 1866 年在紐約出版的那本英文版著作的副本時，我正好把他那本厚達 600 多頁的法文版著作翻譯並抄寫完成。英國一位朋友幫助我把這本英文著作翻譯成了義大利語。書裡其實並沒有多少關於進行新型教學實驗的內容，不過它與第一部作品中描寫的經驗哲學的內容有關。塞金在進行了三十多年正常兒童的研究之後，覺得既然生理學方法的基礎是對每一個個體展開研究，在對人的生理和心理現象進行分析之後，再形成相對應的教育方法，

那麼這種方法肯定也可以應用於正常兒童的研究之中。他認為，這種方法可以為人類的完美再生指出一條光明的道路。

塞金就像一位正在狂熱的吶喊著的先驅者，這種聲音能夠讓學校和教育的狀況發生徹底的改變。

這一階段，我已經經由註冊，成為一名真正的哲學系學生，當時我正在學習實驗心理學方面的課程。在義大利——具體來說就是羅馬、杜林和拿坡里這三個地方，在大學裡設立這些課程都是最近一段時間的事情。同時，我仍然在小學裡進行著教育人類學方面的研究，並透過這樣的方式來對正常兒童教育活動中所使用的組織方法進行研究。

我所從事的這項工作也讓羅馬大學增加了教育人類學領域的課程。從很久以前開始，我便期待著將教育智障兒童的方法應用於小學一年級的正常兒童，但是我從未想過可以在看護幼童的學校或機構中進行這項實驗。1906 年年底，我參加了在米蘭舉辦的一項國際展覽，會上，我作為其中的一名委員向科學教育學和實驗心理學領域的獲獎者頒獎。這時，我遇到了一個千載難遇的良機——羅馬優質建築物協會的會長邀請我為他們協會所打造的模範公寓組創兒童學校。會長的理想是，將一座公寓裡所有住戶家裡 3～7 歲的孩子都集中到一個大房間裡，這些孩子在老師的指導下去玩耍、去學習、去做功課，每座公寓住宅裡都為老師配備了房間。他的

設想是讓每座住宅都配套相應的學校。在羅馬，優質建築物協會已經擁有的公寓數量達到 400 多棟，而這項工作看上去也會有非常好的發展前景。於是在 1907 年的 1 月，我在聖勞倫佐區的一座很大的公寓住宅裡創建了第一個兒童學校。優質建築物協會在這個區擁有 58 座大樓，根據會長的計畫，我們會在短時間內創辦 16 所類似的「住宅學校」。

我和會長有一位共同的朋友，他為這座新型兒童學校起了一個帶有某種幸運色彩的名字——「兒童之家」。1907 年 1 月 6 日，我們的第一座「兒童之家」正式開業了。這座學校由肯迪達·奴西特里進行管理，而我負責進行監督和指導。

同年的 4 月 7 日，第二座「兒童之家」在聖勞倫佐區開業。10 月 18 日，慈善家協會在米蘭的一個工人居住區又建成了一所學校。同時，慈善家協會下屬的工廠還接受了另外一項重要任務——為我們的「兒童之家」製造教學儀器。11 月 4 日，第三座「兒童之家」在首都羅馬開業，這座學校不是設在平民區，而是位於一座現代化的、中產階級居住的大樓裡面。1909 年 1 月，瑞士開始對它的孤兒庇護所和兒童收容所進行相關改造，不再使用過去的福祿貝爾教育體系，轉而採用我們的「兒童之家」的教育方法以及教學儀器。

「兒童之家」有兩方面的重要性。一方面，由於它採用的辦學方式極為獨特——在住宅裡建立學校，因此它對社會發

展有很重要的作用；另外，由於它所採用的幼兒教育方法，又令它對教育的發展具有很重要的作用。目前我正在進行的就是這種教育方法的試驗和研究。

我說過，正是因為會長的邀請讓我有了這樣一個非常好的機會，我可以將教育弱智兒童的方法用在正常兒童的身上。不過這裡我說的正常兒童需要有年齡的限定，他們不能是上了小學的兒童，而應該是像嬰兒收容所裡的嬰兒那麼大。

假如智障兒童和正常兒童兩者的智力可能是一樣的，那麼只能是在他們很小的時候才有可能出現這樣的情況，因為當時的他們失去了發育的條件。

而那些正常兒童在智力尚未發育的時候，與智障兒童是類似的。每一個人在他的嬰兒時期，肌肉的運動都無法協調的進行，所以他們走路的時候不穩，也無法做出繫扣子和解開衣服這些很簡單的動作。他們用來感知外部世界的器官——例如眼睛，在適應性和調節能力上也沒有獲得充分的發育。

語言是人類最基本的行為之一，而很小的嬰兒在語言方面卻會有一些缺陷。他們很難集中注意力、身體也總是站不穩等，這些都是正常的嬰兒和智障嬰兒相同的特點。普雷耶（Preyer）在對兒童進行心理學研究的時候，也認為由疾病所

導致的語言缺陷與正常兒童發育過程中出現的語言缺陷是一樣的。

如果一種教育方法可以讓智障兒童智力得到增長，那麼同樣能夠有利於幼兒的發育。所以，我們可以對它進行適當的調整，使它們成為可以對正常人進行教育的一個重要組成部分。很多兒童之所以會從暫時的缺陷變成永久性的缺陷，例如語言方面的缺陷，就是由於在嬰兒發育這個最重要的階段，也就是在 3 ～ 6 歲這個身體主要器官功能的形成階段，沒有對身體的發育引起足夠的重視，因此就變成了永久性的缺陷。

這些都說明我在「兒童之家」展開的教育實驗是很重要的，它證明了我的一系列實驗所獲得的成果。在實驗過程中，我試著用對待智障兒童的方法來教育正常兒童。我並不是單純的採用一種形式來展開工作，而是採用塞金對幼兒進行教育時那種簡單而又純粹的教育方法，任何人只要讀過塞金的著作，就能夠很容易的發現這一點。但是，可以確定的是，這兩年我所進行的教育實驗，為以後展開正常兒童的教育打下了扎實的基礎，其來源可以追溯至法國大革命時期，這也是伊塔爾與塞金兩人一輩子最熱衷的事業。

對我而言，在塞金出版了他的第二本教育學著作 30 年之後，我繼承並利用了他的思想，也可以這樣說，我以一種抖

撒的精神繼續從事著這位偉大人物的事業，而塞金則從自己的老師伊塔爾那裡繼承了這些偉大事業和偉大思想。最近 10 年裡，我不但採用他們的教育方法展開實驗，而且我自己還進行了深入的思考，從這兩位神聖、偉大的人物的著作中汲取了思想上的養分。

所以，從某種角度說，我這 10 年來所做的工作可以當作對伊塔爾與塞金兩個人 40 年來教育工作的總結。如果這麼算的話，我們實際上已經在這一領域辛勤研究了 50 年，這也為最近兩年所展開的實驗工作打下扎實的基礎，我覺得這些實驗其實代表著伊塔爾、塞金和我三位外科醫生長期以來堅持不懈的合作。這個觀點是很正確的，在某種程度上，這也說明我們正在沿著精神病治療方法的道路繼續前行。

毋庸置疑，「兒童之家」的出現，推動了人類文明向前發展，也值得另外撰寫一本著作來對它進行詳細的描寫。其實，透過烏托邦一樣的兒童教育方法，「兒童之家」使很多社會問題和教育問題都得到了解決，並成為學校現代化改革內容的重要一項。可以肯定的是，這些改革不久之後就能變成現實。它們直接觸及了社會問題中一些重要內容，例如人與人之間的密切關係以及他們的家庭生活。

第三章
在「兒童之家」開業儀式上的發言

今天來到這裡的諸位也許從未真正感受到，窮人的生活有多麼的貧苦。或許你們只是從一些名著的藝術描寫中了解到了人類貧窮的苦難；或是從一些具有優秀演員所表演出來的那種悲慘的生活裡感受到了貧困有多麼恐怖，你們的靈魂也因此受到了震撼。

讓我們試著想像這樣一個場景。如果此刻有人對你大聲喊一句：「走吧，讓我們去看看那些因為貧困而生活悲慘的家庭吧！因為現在他們那裡出現了幸福、清潔、和平的兆頭，他們即將擁有一個自己心目中理想的家。在罪惡與貧困聚集的地方，正在進行著一項拯救道德的工作。人們正在擺脫罪惡的冷漠和愚昧無知的陰影，孩子們也即將擁有一個屬於自己的『家』。新生代的人們正在邁向一個嶄新的時代，在這個新時代，人們不會再因為貧困和不幸而感到悲痛。在這樣一個新時代，悲苦、罪惡等各種不幸都將成為過去，它們的蹤跡再也不會在我們的生活中出現。」如果知道了這些，那我們的情感將經歷多麼重大的轉變啊！我們肯定會加快自己的腳步，如同那些受了夢想與希望之星感召和引導的有識之士一樣，想快點去那些生活貧困的家庭看一看！

我之所以要講這些，就是為了讓你們知道，這座簡樸的房子有著多麼偉大的意義，在這座房子裡面，有著真正的美好，它看上去就像一位母親從房間裡分出一個小空間供自己

的孩子玩樂一樣。這便是在聖勞倫佐貧民區建立的第二個「兒童之家」。聖勞倫佐區這個地方非常出名——所有的報紙，每天都會將在這裡發生的犯罪事件報導並刊登出來。但是，仍然有很多人並不了解這個居民區是如何在這座城市裡誕生的。

起初，人們並不想在這個地方建一個居民區。其實，聖勞倫佐區並不能算是一個居民區，而是一個貧民區。在這裡居住的人，除了收入極低或失業工人之外，還有那些刑滿釋放但需要接受監管的犯人，這些人聚集並且混居在了一起。

西元 1884～1888 年期間，在那個建設大熱潮時期，聖勞倫佐區被興建起來。這裡的房子既不符合社會標準，更不符合衛生標準，它們最多只能算是在地面上一尺一尺砌成的牆。所有這一切完全沒有考慮到它在將來可能會造成什麼樣的嚴重後果。很明顯，根本沒人關心自己建起來的房子是否牢固，因為建築工人絕對不會住進這樣的房子裡。

到了西元 1888～1890 年的期間，這裡的房子就無法避免的遭受了厄運，很長一段時間內，這些房子無人租住。不過到了後來，隨著人們對房屋居住需求的增長，這些房屋便又逐漸被出租出去。可是，由於那些投資者虧了本，他們再也不願意投入資金去修繕這些房子了。所以這些從最初建造時就違反了衛生法的房子，由於被用作了臨時住所，導致現

在的情況變得更加糟糕，現在它們已經慢慢變成這座城市最貧困階層的聚居地。

但是這些並非專門為工人所建造的房子的面積實在是太大了，每一套都有五、六個房間，有的甚至有七個房間。儘管房租相對於其面積來說已經是非常便宜了，但是對每一個窮苦的家庭而言還是難以承受。於是就出現了轉租的現象。有些房客一下租下一個六個房間的套間，月租是 8 美元，然後再以每間月租 1.5 美元或 2 美元的價格，將這些房間分別租給一些只能承受這個價格的租客，甚至將房間的一個角落或是走廊租給那些更窮的人，這樣算下來，他每個月就能夠得到 15 美元或是更多的錢，這遠遠超出了他所交納的租金。

這麼做，很大程度上解決了這個人的生存問題，而且還能在每次的交易過程中採用高利貸的方式來持續增加自己的收入。當房客們極度困難的時候，這個人作為二房東，就按照一定的利率借給房客一些錢，例如房客借走 2 美元，每個星期的利息就要 20 美分，如果換算成年利率的話，相當於 500%！

這就是轉租過程中出現的最殘酷的高利貸，只有借過高利貸的窮人才明白這些欺詐窮人的手段有多麼的殘酷。

在這一地區，我們還發現了很多情況，例如生存環境極為擁擠，秩序混亂，充滿罪惡和犯罪。報紙經常描述類似的

狀況：在一個大家庭裡，已經成年的男孩和女孩只能共同生活在一個房間裡，但在這個房間的角落裡居然還住著一個外地人，這個人是每天晚上都要接客的妓女。而她與嫖客的行為全都被年輕的孩子們看到了，於是邪惡的想法在孩子們的心裡被激發出來，犯罪和流血事件的出現也就不足為奇了。這些只不過是眾多悲慘描述中的一個很小的細節罷了。

不論是誰，當他初次進入這樣的房間時，一定會覺得震驚和恐怖，那是因為他所見到的是一幅真正的悲慘景象，而非頭腦中想像出來的那種誇張得過分的虛構場景。當我們進入一個陰暗世界中時，留給我們最深刻的印象就是黑暗，即使是在正午，陰暗的光線也令我們很難看清屋子裡的陳設是什麼樣的。

等到我們的眼睛適應了昏暗的光線之後，便能看到一張床的輪廓，有一個人蜷縮著躺在上面 —— 他可能是生病了。當我們將互助金送給住在這裡的窮人的時候，必須點上一根蠟燭才能完成數錢和簽署收據的工作。令我們感到遺憾的是，每當談起社會問題的時候，很多人總是誇誇其談、詞不達意，卻很少有人能夠在認真調查客觀事實的基礎上做出明確的判斷。我們經常充滿熱情的去討論一個孩子應當如何展開家庭學習，但是，對很多孩子來說，家，只不過是一個黑暗茅屋角落裡鋪在地上的一張稻草席子罷了。為此，我們計

劃建立若干個流動的圖書館，這樣窮人就可以在家閱讀了。我們計劃向他們之中的一部分人贈送一些書，從而幫助他們了解一些文學知識，希望透過這些書的影響讓他們慢慢提升和改善自己的生活水準，同時也希望這些書能夠讓他們了解一些道德、文化、衛生方面的知識。可是，這也恰恰說明了一個問題——我們壓根就不明白，他們眼下最需要的東西到底是什麼。這些人裡面的大多數根本就沒有良好的光線去讀書，他們甚至連一盞燈都沒有！那些社會改革者現在急需解決的問題，其實是窮人們生活品質的改善，而文化水準的提高反倒不是最迫切的需求。

說到在這一地區出生和慢慢長大的兒童，我們甚至必須要改變一下原來所習慣的表達方式，因為他們並非「眼睛一睜開便看到了光明」。他們所在的是一個暗無天日的世界，他們所生活的環境被陰暗所籠罩。這些孩子身體肯定很髒，因為在一個房子裡，只有三、四個人可以正常用水，但現在卻住進了二、三十個人，這裡的水甚至連飲用都不夠！

在義大利，「家」（casa）這個單字跟英語裡那個帶著神聖意義的單字「家」（home）地位相當，對義大利人來說，家是一個充滿了溫馨、只有親人才有資格進入的聖殿。

但現實情況卻大相徑庭。很多人甚至沒有「家」（casa），在他們所謂的「家」裡，只有白到令人窒息的牆壁。在這面

白牆裡面，就連最隱私的生活都會被曝光在世人面前，讓所有看到的人恥笑。在這裡，沒有任何的隱私、謙遜和親切感可言，住在這裡，甚至經常無法享受到陽光，享受到空氣，享受到水！而我們卻依然在此處大肆宣傳我們的理念：家是發展大眾教育的必要條件，它作為一個必需場所，是建設美好社會唯一的、扎實的基礎。從這個角度來說，我們並非真正的改革者，反倒更像是熱衷於幻想的詩人。

我覺得，真的還不如讓窮人去露宿街頭，因為這起碼比我剛才所描述的情形要更好一些，起碼顯得有秩序、更乾淨。不過這些街道上時常發生爭吵事件和流血事件，甚至還會發生一些幾乎令人難以置信的犯罪案件。報紙上就有過這樣的報導，說婦女會被她們喝醉了的丈夫追殺！而令年輕女孩感到最害怕的，或許並非死掉，而是被下流的男人往自己身上扔石頭。我們還曾經親眼目睹過一件令人難以形容的事情 —— 有個非常可憐的女子先是被一個醉鬼強姦，然後又被扔到了一條水溝裡面。天亮之後，住在附近的孩子都聚集到了這裡，他們像一群圍著死屍的食腐動物，又喊又笑，肆無忌憚的對這個可憐的女人發出嘲笑，有些孩子甚至抬起腳去踩那個躺在滿是汙泥的水溝裡的女人已經遍體鱗傷的身體！

這種殘忍到了極點的事情為什麼會發生在義大利這個文明的搖籃、藝術的王國呢？為什麼會發生在佛羅倫斯這樣的

第三章 在「兒童之家」開業儀式上的發言

國際化大都市呢？那是由於在過去的幾百年裡從未出現過這樣的情況——將貧苦大眾隔離開來。

中世紀時，曾經把漢生病病人隔離起來；猶太人地區的希伯來人曾經被天主教徒隔離過；但是，從來都沒有發生過因為將貧窮視為危險和恥辱，進而明目張膽的把窮人隔離開來的事情。窮人的家與富人的家穿插錯落，在兩者之間形成了極為鮮明的對比，在最近的文學藝術作品中，這種情況是很普通的。其實，在我上小學時，老師就經常在道德教育課上向我們講一些這樣的故事：好心的公主經常會為隔壁木屋裡的窮人提供幫助，或者就是富人家的善良孩子經常送食物給住在附近頂樓裡的病人。

但此刻，這一切就像神話傳說一樣，顯得那麼的虛幻和不真實。窮人無法再從自己的富人鄰居那裡學到良好的禮儀和教養，他們再也無法奢望在自己窘迫的時候獲得富人的幫助。我們將他們趕出了我們居住的地方，讓他們遠離我們，讓他們沒有房子住，讓他們飽受絕望的折磨，讓他們感受到了野蠻和罪惡有多麼殘酷。不管是誰，只要還有社會意識，他都能夠清楚的認識到：我們就是這樣將一個嚴重危害城市的傳染區創造出來的。即使我們本來擁有一種貴族式的理想，想要建成一座光明、美好的城市，但我們卻強行為這座城市帶來了眾多的醜惡和疾病。

當我初次踏上這片街區時，我就如同置身於一座剛剛經歷了重大災難的城市。我好像看到了那些不幸的人們，他們在進行抗爭以後，依然受到了命運所留下的陰影的折磨。這些人臉色蒼白，並且充滿了恐懼，行屍走肉般在安靜的街道上走著，和我擦肩而過。這樣的寂靜似乎證明這個區域的生活已經中斷甚至是崩潰。在這裡，沒有車來車往的聲音，沒有小販們歡快的叫賣聲，更沒有街頭賣藝人的琴聲，甚至連貧民區特有的那種喧鬧聲都沒有，整條街道只有死一般的沉寂。

　　街道上坑坑窪窪，每戶人家門前的臺階都是歪歪扭扭的，顯得破爛不堪，看著這些景象，我們也許會猜測這裡是不是曾經發生過一場大水災，洪水把所有的泥土都沖走了。但是當我們看到房子裡空空蕩蕩，牆壁上千瘡百孔、破損不堪，我們又會認為這個地區剛剛遭受了一場大地震。後來，我們又進行了更加深入的觀察，結果發現在這片地區甚至都沒有商店 —— 這個區域真的是太窮了，就連一個可以為人們提供日常生活用品的最普通、最廉價的商店都沒有。只有一家廉價酒館開著門，從裡面飄出一股劣質酒精的氣味。看到所有這些，我們深切的感受到，自然界帶給人們的災難，並不是他們所遭受的最沉痛的苦難，而貧窮 —— 與罪惡緊密相連在一起的貧窮才是。

我們時刻對這些不幸與危險的情況保持著注意。新聞報導中所提到的那些不道德事件和暴力事件的新聞報導，讓每一個慈善工作者的心靈和良知受到了強烈的震撼。或許有人會說，不管什麼樣的苦難，都可以找到相應的解決辦法，而我們也已試驗過了一切可行的方法：挨家挨戶的宣傳衛生準則，建立社區診所、孤兒院和「兒童之家」。

可是到底什麼才是真正的慈善呢？它最多只能算是悲痛的一種表達方式，這種形式上的慈善行為不可能獲得很大的收益。由於缺乏必要的組織和持續的收入，它只能對一小部分人起作用。而另一方面，要想拯救如此大範圍的危險和罪惡，勢必需要一個全面的、廣泛的組織來對整個區域進行指導。一個組織，只有把為他人謀福利當作使命，才有可能實現與全人類的共同發展和共同繁榮。也只有這樣一個組織，才可以在這種類型的區域展開工作，並最終完成這項長久而意義的非凡事業。而正在從事著一項偉大的慈善事業的羅馬住宅改善協會，恰好滿足了所有這些迫切的需求。按照協會總幹事的計畫，目前協會正以一種高度現代化的先進方式推展著各項工作。他的這個計畫具有首創性、全面性，而且切實可行，在義大利甚至全世界都可以說是獨樹一幟。

三年前，這個協會成立於羅馬。協會計劃首先獲得這個城市的房屋產權，然後透過改造或重建來改善居住的條

件，就像一個好父親妥善的管理一個家庭一樣來對它們進行管理。

這個協會購買的第一批房地產就包含聖勞倫佐區的大多數房子，目前協會已經擁有這個區的 58 棟房子，占地面積大概有 30,000 平方公尺，包括一樓和 1,600 間小的房產。成千上萬的人將從協會的房屋改造中受益。在承包了這項慈善專案之後，協會就開始按照現代化的衛生標準、道德標準和建築標準著手對舊房屋進行改造。建築結構的改變能夠為其帶來實際的收益並不斷增值，而衛生狀況和道德狀況的改善，則能夠提高居民的居住水準，也可以讓租客在付出公寓租金之後有一種物超所值的感覺。

為了實現這個目標，建築協會制定出了一系列的計畫。這些計畫必須是分步進行的，由於一次性將整棟房子騰出來是非常難的，而且在這個過程中還要堅持人道主義原則，這就使房屋的重建工作難以快速進行。因此，到目前為止，這個協會在聖勞倫佐地區改造的房子只有三座。之後的改造計畫如下：

➤ 拆除建築裡所有為了多收租金而不是為了居住目的而建的部分。那些陰暗的、通風差的公寓，擋住了光線和空氣的房間都將被拆掉，讓留下來的房屋發揮更大的價值，當然也更加能夠讓人感到滿意。

➤ 增加房屋樓梯數量，減少由於人多而對牆壁和臺階造成的過分損害，讓房客們更自覺的愛護這些建築設施，養成整潔有序的好習慣。

➤ 劃分出更合理的空間。例如可以將一棟房子劃分成好幾個小套房，這對於道德水準的提升是有好處的。多個家庭被分隔開了，也就真正具備了家的概念，而且也真正解決了過於擁擠、不道德甚至犯罪等問題。

這樣的改造，一方面大大減輕了租客的負擔，另一方面也使經營者的收入增加了，當經營者按照每月 8 美元的價格出租一間有六個房間的公寓之後，可以再將它改造成三個小一些、有陽光、通風、帶廚房的房型，他可以藉此來增加自己的收入。這樣看來，房屋改造有著非常強烈的道德意義 —— 它消除了社會上的不良風氣，減少了男女混雜的機會。讓這些租客第一次感受到了家的自由，第一次產生了家庭的親密感覺。

但是，協會的計畫遠遠沒有局限在這些方面。這些房間不僅為租客提供了充足的陽光和空氣，而且還有良好的秩序以及後勤保障，所有這些似乎都閃爍著純潔的光芒和清新的氣息。但是住戶如果想要得到這些美好的東西，必然也要承擔一定的責任，即上繳一些「房屋愛護稅」和「善意稅」。目前，只有公家的建築才能獲得持續性的維護資金。但在這

裡，所有的房屋維護工作交給了一百多位工人，也就是住在這裡的所有人。他們把房子保護得非常完善，一點汙垢都沒有。

這樣的試驗結果值得引起人們的注意。大家用愛心共建整潔家園，並且更好的進行美化，這也是人們對自己家園的美好希望。所以，協會順應這種希望，在房屋的院子以及大廳的周圍種了很多花草樹木。

出於追求幸福生活的渴望，新社區的住戶很自然的產生了一種自豪感，這種自豪感也讓他們更為細心的照顧這棟房子，並努力讓生活水準變得更高，讓住戶變得更文明。他們不僅僅是住在這棟房子裡的人，而且知道了如何居住、如何愛護。

房屋改造的成效雖然是初步的，但也引起了其他方面的改革，長期在整潔房子裡居住的人也逐漸開始要求起個人衛生來，他們再也無法容忍整潔的房間裡擺著那種看上去很髒的家具。

於是，該協會展開了一項最重要的衛生改革 —— 改造浴室設備。每棟改建的房子都設置了公共浴室，浴室裡設有浴盆和淋浴噴頭，能夠供應充足的熱水和冷水。可是，正當協會全力以赴進行這些改革時，卻遇到了一個難題，就是那些還沒到上學年齡的兒童在父母出門工作的時候只整天獨自一

人待在家裡。這些孩子不但無法理解愛護房子的意思，而且還變成了無知的搗蛋鬼，他們在樓梯和牆壁上塗鴉。於是我們就進行了另外一項重大改革，其費用由租客間接承擔——我們用租客們繳納的「房屋愛護稅」創建了一個專屬於學齡前兒童的家——「兒童之家」。母親如果外出工作，可以放心的把孩子交給「兒童之家」。但是沒有繳交「房屋愛護稅」和「善意稅」的住戶，就享受不到這樣的待遇。「兒童之家」制度規定如下：

「兒童之家」是由羅馬住宅改善協會建立的，地址位於××號居民樓，凡在該居民樓居住的 3～7 歲的學齡前兒童均有入學資格。

「兒童之家」主要是為那些外出工作期間孩子無人照顧的父母提供免費的兒童照護服務。

「兒童之家」主要關注兒童的身心健康和學習教育等各方面的發展情況，同時根據孩子的年齡採取適當的教育和照護方法。

「兒童之家」為孩子們配備女教師、醫生、保育員各一名。

「兒童之家」所有工作計畫和排程均由女教師制定。

所有希望享受「兒童之家」優惠待遇的家長，不用繳納相關費用，但須履行以下責任：

➤ 所有家長必須在規定時間讓孩子來到「兒童之家」，並且保證孩子的身體和衣服都是整潔的，孩子還需要穿上合適的圍裙。

➤ 家長一定要尊重「兒童之家」的女教師和所有的工作人員。在教育孩子時一定要密切配合女教師。每個星期，孩子的母親至少要跟女教師進行一次談話，將孩子在家裡的表現告訴教師，同時聽取教師對孩子有益的建議。

以下情況發生任意一種，孩子都將被開除：

➤ 沒有梳洗乾淨或是穿著髒衣服就被送到「兒童之家」的孩子。

➤ 犯錯之後屢教不改的孩子。

➤ 不尊重「兒童之家」工作人員的家長，或因惡劣行為對「兒童之家」教育工作造成了不良影響的孩子。

把整理得乾淨整潔的孩子送到「兒童之家」是母親的義務，母親應該與教師一起教育孩子。母親的義務有兩方面——在身體上和精神上給予自己的孩子很好的照顧。如果在與教師談話過程中，孩子表現出了在家裡的態度，影響了學校正常的教育工作，就會把他送回父母那裡，讓他們的父母明白應當珍惜這樣一個好機會。教育孩子對那些生活品質低、行為粗魯、喜歡打架的父母來說將會成為沉重的負擔。他們知道自己以前的生活是怎樣的黑暗、受人輕視，他們不

願意讓孩子過這樣的日子。換言之，父母一定要學會珍惜「兒童之家」帶給兒女的良好的教育機會。

只要父母們懷著「美好的願望」，樂意遵照協會的要求去做就夠了，這裡的女教師都已經做好了充分的準備，而且非常願意教這些孩子。制度規定，母親每週都要跟女教師進行一次交流，了解孩子的狀況，接受女教師對孩子有益的建議。這無疑會對孩子的健康和教育產生很好的啟蒙作用，「兒童之家」會為孩子們指派一位女教師和一名醫生。

女教師一般會扮演母親的角色，她是一個有教養、有文化的人，是這裡所有居民學習的榜樣。她也會住在這裡，跟自己的學生一起生活。這是很重要的。在這裡生活的人基本上都很粗野，沒人有膽量在夜晚空著手進入這裡。女教師來到這裡不光是為了教育孩子，還要跟他們一起生活。一個有文化的專業的教育工作者，決心將自己的生命和青春都用來幫助身邊的人！這才是真正的傳教士，是這些人裡面的道德女王。只要她在工作上擁有足夠的熱情和技能，那麼她就能夠獲得空前的成功。

這是一個非常現代化的居住區，這個地方就像居民心目中永遠無法到達的夢境一樣。在此之前，的確也有很多人進行過嘗試，他們曾經努力的想要融入窮人的生活，為他們提供良好的教育。但這是一項不切實際的工作，除非這些窮人

居住的地方有很好的衛生條件，才有可能讓他們過上更加美好的生活。除非這些住戶為了共同的利益、為了美好的目標而齊心協力，不然的話這樣的目標就永遠無法實現。

　　居住區的現代化還展現在擁有了像「兒童之家」這樣的教育機構。這裡不僅能夠對孩子進行託管，也不是單純的兒童收容所，而是一座可以對孩子提供真正的教育的學校，這裡的教學方法符合教育學的基本原理，非常科學。這裡不僅注重孩子們的身體發育問題，而且還會從人類學的角度對每一個孩子進行研究。語言訓練、系統感官訓練，讓孩子適應實際生活的訓練，形成了「兒童之家」所有教育工作的根基。它的教學目的非常明確，而且擁有種類豐富的教學工具。

　　在此，我沒辦法將學校的每一個細節都詳細的介紹給你們。但我必須要說的是，這裡已經設置了浴室，可以讓孩子們洗熱水澡、沖涼，他們能夠學著自己洗手、洗臉、洗脖子、洗耳朵。如果可能的話，協會還將開闢出一塊空地，教孩子們在空地上種一些常見的蔬菜。

　　接下來談一談「兒童之家」在教育方面獲得的進展，這是很有必要而且也是非常重要的。了解學校存在哪些問題的人都知道，目前最受人們關注的重要原則就是：學校與家庭在教育目標上應該是一致的。當然這個原則有點理想化、顯得不太現實。兩者之間總是隔著一定的距離，而且家庭會經

常違背教育的理想，這一點是學校無法進行干涉的。家庭不僅要與教育一起進步，而且總是與社會的進步密切相關。在「兒童之家」，我們初次見到了長期以來人們所盼望的教育理想變成現實的可能。我們已經在居民區建立了「兒童之家」，但這是遠遠不夠的。我們要將學校當成居民區的共同財產，還要將老師完成神聖的教學任務的過程都呈現在家長和孩子眼前。

學校是歸群體所有這個概念非常的新穎，也很好，而且具有很強的教育意義。

每個家長都明白，「兒童之家」屬於他們，也需要靠他們交納的房租之中的一部分來維持。每一位母親隨時都能夠去那裡觀察、評價和思考孩子們的生活。透過這種方式，母親們可以不斷反省並為自己的孩子提供幫助。每一位母親都非常喜歡「兒童之家」，也非常尊重這裡的女教師，善良的母親們對孩子們的老師也十分關心，她們經常會把一些糖果或鮮花放在老師的窗臺上。

在「兒童之家」，經過三年左右的訓練，母親們就可以將孩子送到普通的小學，這些目前能夠非常配合學校的教育工作，而且她們還產生了這樣一種想法：透過自己良好的品德和行為，證明自己值得擁有這樣一個富有教養的孩子。作為教育機構，「兒童之家」獲得的另一項成就是科學的教育

方法。截至目前，教育學的基礎仍然是對學生人類學的研究，但它只涉及教育改革中的部分問題。因為一個人不僅僅是生物體，而且也是社會的產物。在接受教育的時候，個人所處的社會環境首先是家庭。科學的教育方法如果不能對新一代人的成長環境產生良好的影響，那麼它就算付出再多的努力也是白忙一場。所以我覺得只有繼續在居民區宣導新的理論，在文明方面獲得進步，才能真正解決新一代人的成長環境問題，才有可能將科學教育法的基本原理運用到實際生活中。

另外，「兒童之家」還有一個成功的地方，那就是第一次開始了家庭教育的社會化進程。居民們發現在自己的屋簷下，能有這樣一個好地方可以方便的託管孩子 ── 「兒童之家」不僅非常安全，而且對孩子們也有很大的好處。

住在這棟樓裡的所有母親都可以享受這樣的特權，她們從此可以放心的外出工作。從前，只有一個階層能夠享受到這樣的特權 ── 有錢人家的女士能夠讓保姆或女傭幫自己看孩子，自己外出工作或是娛樂消遣。如今，在這種重新改造的居民樓居住的女人們，也能夠像貴婦人一樣，對別人說「我讓保姆和女傭幫我照顧孩子」。此外，她們還能像個公主一樣，說「家庭醫生會根據他們的健康狀況進行針對性的照顧，從而幫助他們成長」。這些女子就像英國、美國最富有

階層的母親們一樣，有一張自己孩子的「成長紀錄表」，在這張表格上面，女教師和醫生記錄了孩子的學習情況、成長情況和身體情況。

不論是在義大利還是其他任何地方，我們的「兒童之家」都是絕無僅有的。它的誕生具有十分深遠的意義，因為它滿足了這個時代的需求。我們不會再說「兒童之家」能夠讓母親們不再承擔自然的社會責任——照顧孩子、教育孩子。因為現代社會和經濟的發展要求職業女性出去工作和賺錢，並且強行剝奪了她們覺得自己身上最為重要的責任！母親隨時都有可能與自己的孩子分開，有時甚至還要忍受孩子被遺棄的痛苦。而「兒童之家」絕不只是為勞工人民帶來了很多好處，對於中產階級中的很多腦力勞動者，也帶來了很大的好處。例如教師、教授，他們經常需要在業餘時間替私人上課，往往讓那些無知、粗魯的全職女傭來照顧他們的孩子。其實，最初對於「兒童之家」有需求的人正是這些社會階層較高的人士，他們紛紛寫信前來，要求在自己的社區也展開這樣有益的改革。

這時，我們正在將社區裡母親——女性的職能變得「共有化」。在這裡，我們可以發現，這一舉措已經解決了很多婦女面臨的看上去無法解決的問題。也許有人會發出疑問，假如婦女從家庭離開，那麼家庭會變成什麼樣子？答案是：

我們會轉化家庭的功能，婦女的責任將由其他人來承擔。

　　例如「社區醫務所」，由於婦女天然就是家庭成員的護士，可是誰又能知道她最近總是不得不忍受著親人躺在病床上無人照顧的痛苦而出去工作呢？競爭總是非常激烈的，如果她不去上班，就有可能失去這份賴以謀生的工作。現在，她可以將生病的家人送到「社區醫務所」，晚上下班回來，她就隨時可以探望病人，對於這種境況下的婦女，這顯然是大有幫助的。

　　家庭的衛生環境也得到了很大的改善，這與先進的隔離、消毒等衛生觀念有很大關係。難道大家不清楚嗎，如果窮人的孩子感染了某種疾病，要想把這個孩子與其他的孩子隔離起來有多麼困難？這種窮困的家庭在城市裡通常也不會有什麼親戚和朋友，所以不能將他們的孩子送到其他什麼地方去。

　　但現在不可能都在變為可能，以社區食堂為例，住戶在社區食堂訂餐，每天早上，啞巴侍者就會將食物準時送到餐廳。其實，這種做法早就在美國試行成功了。對那些中產階級家庭而言，這也是很有好處的一項舉措 —— 過去，他們必須要將自己的健康和餐桌上的歡樂，交由一個無知的、經常將飯菜做壞的僕人手上。要想解決這個問題，只有一個辦法，就是從家裡走出來，去外面的餐廳裡吃那些便宜的速食。

其實，社區的改革對家庭婦女成為職業婦女之後造成的家庭損失進行了彌補。社區變成了一個中心，將迄今為止社區缺乏的所有的好東西都集中到了一起，包括學校、公共浴室、醫院等人們最需要的場所。

隨著這一趨勢的發展，整個社區的面貌都發生了很大的改變，原本充滿了罪惡、危險的地方，如今已經成為教育、文化、娛樂等各項活動的中心。在這裡，除了為孩子們修建了學校之外，還替居民們設立了閱讀室、俱樂部，這些都是很有好處的，特別是對那些男住戶來說，他們可以正當的、快樂的度過晚上的時間。社區俱樂部和「兒童之家」一樣，對社會各階層中都是有用的，而且切實可行。這些俱樂部的出現將加快那些賭場和酒吧的關閉，對人們的身心健康大大有利。我相信，在不久的將來，優質建築協會就會在聖勞倫佐地區那些改造好的社區內部建立起這樣的俱樂部。等到俱樂部正式對外營業之後，居民們便可以在那裡看報、讀書，並且經常可以聽一些簡短的公益課程。

我們認識到了這樣一個事實：由於全社會以及經濟狀況的不斷發展，女人只能被迫利用自己的時間和精力去工作，以獲得微薄的報酬。可是我們千萬不能因此而擔心家庭會解散，家庭本身就承擔了家庭主婦的責任。或許有一天會出現這樣的情況，住戶們只要向經營者付出一定的錢，就可以換

到舒適家庭生活所需的一切東西。也就是說，管理部門將成為每個家庭的管家。

如果這樣理解也可以 —— 「房子」（house）在經過演變之後，將成為與英語單字「家」（home）一樣包含著崇高的含義的詞語。這裡的家不光包括磚瓦和牆壁，而是擁有生命和靈魂的！它就像一位溫柔、寬容的母親一樣張開雙臂去迎接和擁抱自己的親人；它將道德、幸福給予了家人；哺育、關心、教育著自己的孩子。在這樣的家裡，工人在疲憊了一天之後能夠獲得充分的休息，能夠以飽滿、嶄新的熱情去迎接第二天生活。在這裡，我們能夠找到家庭的幸福和快樂。婦女們就像脫繭而出的蝴蝶一樣獲得了新生，再也不是男人的附庸。她們會像男人一樣，變成獨立、自由的人，成為社會的一分子。在這裡，她們也將像男人一樣獲得幸福，得到充分的休息。

每個女人，都應該希望自己得到別人的愛，而不再只是一個供人消遣和享受的玩物。她應該希望自己不要再去做跟僕役一樣的工作。人類的愛情，不應該以實現自我滿足為目標，而應該有一個更為崇高的目標，即讓人類嚮往自由的精神力量變得更加強大，進而也使愛情變得更加偉大，然後在純潔而美好的愛情中，讓人類不斷繁衍下去。

在尼采（Nietzsche）所描述的查拉圖斯特拉（Zarathustra）

的女人身上，這種理想化的愛情曾經非常具體的被表達了出來：她由衷的希望兒子能夠比自己更幸福。她問自己的丈夫：「為什麼你會需要我？難道不是由於獨居的生活過於危險了嗎？」

「假如像我說的那樣，那就請你離我遠遠的。我盼望你能夠成為一個征服自我的男人，一個胸懷廣闊的男人。我希望你能夠擁有一副健壯整潔的身軀。我希望兩個人的身軀和靈魂可以完美的結合在一起，創造一個屬於我們的兒子！創造一個無與倫比的、更加完美、更加健壯的兒子！」

男人結婚之後的首要目標就是主動培養更加優秀的後代。但很少有人去思考這樣一個偉大的目標。未來，社會化的家庭將變得生機勃勃，富有遠見，令人感到非常親切。這樣的家庭既是教育者，又是安慰者。什麼樣的人會十分期待這樣的家庭呢？是那些願意培養更為優秀的後代，讓人類綿延不息始終保持繁榮的夫妻，他們會覺得這樣的家才是自己真正值得擁有的。

第四章
蒙特梭利教育方法大綱

很顯然，在傳統教育以及其他一些廣為人知的教育方式中，孩子並沒有被當作真正的人。孩子們在自己人生中最初的幾年間，通常會被強迫去迎合大人的世界，因此導致孩子的天性完全背離。在這些教育方式中，孩子只是被設置成了「未來式」，而不是「正在進行式」。所以，只要孩子們還沒有長大成人，他們就無法得到真正的重視。

需要著重強調的是，孩子與所有其他人都是一樣的，也有著自身獨立而特別的人格。他們所進行的創造是神奇而富有尊嚴的，我們不但絕對不能去扼殺這種創造力；而且他們的心靈純真而敏感，也需要大人們非常小心的去呵護和關愛。對大人來說，所想的事情不能只是保護孩子那嬌弱的身軀，也不能只考慮向孩子餵東西，洗澡，穿衣服等等這些物質上的事情。沒有人只靠麵包就可以一直活下去，這句話用在孩子們的生活上真的是再合適不過了。在這一階段，物質不是最重要的，而且物質可能會讓任何一個年齡階段的人陷入墮落的狀態。受到物質奴役和驅使的孩子和大人，都會感到深深的自卑，同時也失去了所有的尊嚴。

實際上，成人所生活的社會和環境對孩子來說並不是完全合適的，因為在他們生活的環境裡，孩子一直都是被隔離起來的，他們無法了解真正的成人社會是什麼樣的。由於孩子在面對這個把他排斥在外的社會環境時感到無法適從，所

以大人只能把他們送進學校接受教育，但是到了最後，學校通常會成為禁錮某一部分孩子的監牢。現在，我們可以清楚的看到，採用過時的教學方法教育孩子的學校，對孩子的成長已經造成了非常嚴重的影響，在那樣的學校裡，孩子不僅會在身體上受到創傷，在精神和道德上也遭受了極大的痛苦。教育上出現的最基本問題在於，直到今天，對學生性格方面的教育仍然被忽視。

　　與此同時，我們發現在家庭內部也存在著同樣的錯誤。每個家長想的都是孩子將來應該怎樣，卻從來沒有家長考慮孩子現在應該怎樣，可是孩子現在想要存活下去，需要的東西就有很多。通常，現在的家庭大都只注重孩子在物質和生理上的需求，並且將這些作為孩子全面發展的一項準則，家長們只看孩子是不是能夠吃好、身上是不是乾淨、穿得是不是暖和，以及玩耍的場所空氣是不是新鮮等問題。

　　孩子出於對自身全面發展而產生的所有需求中，最經常被人們忽略的就是人性中的一個特質──精神上的需求。孩子的人格始終隱藏在內心而沒有顯現出來，人們所看到的，只是孩子們為了極力維護自身所採取的一系列負面的行為和反應，諸如尖叫、哭泣、害羞、說謊、不聽話、自私和破壞東西等不當行為。假如我們覺得這些自我保護的方式就是構成孩子性格的所有要素的話，那我們就犯了一個很大的

錯誤。如果我們犯下了這樣的錯誤，那麼接下來我們就會認定，我們必須要用最嚴厲的懲罰來幫助孩子改掉這些壞毛病。這就是通常人們所說的體罰。可是孩子產生這些負面反應的原因，往往是道德的缺失或者精神上的不協調，這兩者所產生的後遺症都可能會對孩子的一生造成影響。

我們都清楚，一個人一生之中最為重要的階段就是童年，道德的缺失或精神上的病態都會對這個人造成極為致命的影響，其嚴重性絲毫不遜於身體上的挨餓受凍。由此我們可以知道，兒童教育的確屬於人類發展教育中的關鍵一環。

正因如此，我們的肩上承擔著很大的責任，所以需要更加謹慎小心的去了解令孩子精神匱乏的原因，並且努力融入孩子的世界。在大人們無數的規定和制度下，孩子似乎永遠都有犯不完的錯。到目前為止，我們也總是習慣於對孩子所犯的錯誤進行毫不留情的批評。但是從今天開始，我們必須要扮演一個比以往更加溫和的角色。就像美國文豪愛默生 [06] 所說的那樣：「童年是一個人永恆的救世主，它反覆的來到已經墮落的人身邊，想要將他拉到天堂裡去。」如果我們了解了兒童教育的需求是多麼的迫切，我們就可以為人類福祉做出更大貢獻。

06　愛默生（Ralph Waldo Emerson，西元 1803 ～ 1882 年），美國思想家、文學家。愛默生是美國文化精神的代表人物，美國總統林肯稱他為「美國的孔子」、「美國文明之父」。以愛默生思想為代表的超驗主義是美國思想史上一次重要的思想解放運動，被稱為「美國文藝復興」。

在成人的複雜世界裡，每一個孩子都不可能過上正常的生活。大人們不停的監督孩子、教訓孩子，不間斷的向孩子們下達各種命令，孩子的發展因此受到很多的阻礙和干擾。在這樣的情況下，孩子在自己萌芽的過程中，所有的生命力都變得奄奄一息，在孩子的心裡，只有一個念頭：趕快擺脫自己與每件事、每個人的關係，獲得自由和解放。

因此，在孩子的生活中，我們不能再去扮演看護員的角色，孩子們需要一個盡量不受家長監督、不被家長命令壓得透不過氣來的環境，這也是我們最需要做的事情。但是，這樣的環境越是要滿足孩子們的需求，就越要限制老師這個角色的權力。但是我們一定要牢牢的記住一個最基本的原則──讓孩子們獲得自由，但這也絕不意味著要放縱他們，更不是對他們不管不問。

對於孩子可能會遇到的問題，我們能夠給予的，不能只是被動的幫助和冷淡的關懷；正好相反，我們應該讓自己變得充滿愛心，細心的關注並鼓勵他們的發展。而且，作為一項工作，替孩子們準備一個合適的成長環境，也是非常嚴肅的，因為我們需要為孩子們創造的是一個嶄新的童年世界。

一旦我們把孩子能夠用到的家具擺放好，立刻就能看到孩子們的活動出現了令人欣喜的變化。孩子們所做的每一件事在一瞬間就符合了我們的期望，他們在一起相處得十分和

諧，也沒有發生任何意外和危險，因為他們明白自己想要什麼。對兒童來說，進行活動的想法要比吃東西的想法強烈得多，之所以我們不經常看見類似的情況，是因為目前的環境不協調、不自然，缺少讓孩子們進行活動的動力。假如我們能夠為孩子提供一個合適的環境，那麼我們就能發現，一個個原本噘著嘴的「小麻煩」，立刻就全都變成了快樂活潑的孩子。有些孩子原本被稱為「房屋破壞狂」，這時就會變成一個小心翼翼的愛護身邊物品的守護者；原來又吵又鬧喜歡到處亂跑的傢伙，此刻全都變成了安靜而又非常遵守紀律的好孩子。假如由於缺少了一個適合讓孩子進行活動的外部環境，導致孩子旺盛的精力沒有地方發洩。那麼孩子們就只能憑著自己的直覺去尋找那些容易消耗體力的事情做，藉此來磨練自己的才能。

　　現在，我們已經非常熟悉那些為了孩子智力增長所專門設計的學習工具了。市場上能夠找到一些設計精美、顏色鮮麗的小型家具，它們的做工非常輕巧，孩子可以輕鬆的搬動它們，假如不小心撞到了這樣的家具，它們馬上就會應聲而倒，這樣就不會讓孩子們受傷。此外，由於這些小家具的顏色非常淺、非常淡，如果被弄髒，孩子們也可以馬上發現，然後就明白應該把它們洗得乾乾淨淨，這樣他們也順道學習了如何使用水和清潔劑進行簡單的洗滌。孩子總是喜歡找一

個自己最喜歡的地方，然後舒服的待在那裡；而且，由於這些小家具非常輕，任何一個突然、劇烈的動作都會令它發出極為誇張的擠壓聲。慢慢的，孩子們就會格外留意自己的一舉一動。有些陶瓷或者玻璃做成的小物品，也可以作為孩子的教具，因為一旦這些東西掉在地上摔碎了，就永遠都不會再有了。而孩子得到的最嚴厲的懲罰，就是那種失去了心愛物品的悲傷。

每個孩子在失去了心愛的東西之後都會變得十分難過。誰又能忍心看著在摔碎的花瓶前面滿臉漲紅、傷心得大哭的一個孩子，卻不去安慰他呢？但從此之後，這個孩子再有機會去拿其他易碎品時，他就會變得非常小心。

如果孩子所犯的錯誤很小，家長或者老師只要在旁邊靜靜的觀察就好了，不要加以干涉，這本身就能夠對孩子形成很好的教導。逐漸的，孩子就會覺得自己似乎聽到面前的東西在跟他講話：「嘿！我這個茶几剛剛上好油漆哦，要小心啊，不要刮傷了我，也不要弄髒了我！」環境自身和物品的美感也能夠讓好動的孩子變得小心謹慎。所以，每一樣孩子使用的物品最好都能夠引起他們的注意力。比如準備很多塊不同顏色的抹布，很多把顏色鮮豔的刷子，以及很多形狀有趣的肥皂。這些東西能夠吸引著孩子們想去摸摸它們，自然也會讓孩子想要學會怎麼使用它們。由於會被不同顏色的抹

布吸引，孩子們就會知道抹布是擦桌子用的。同樣，孩子也能夠明白刷子是用來刷衣服的，肥皂是用來洗手的。這樣一來，每個角落都有能夠吸引他的好看的東西，並且吸引著他去學會如何使用。老師也無須整天盯著孩子：「卡爾，去把你的衣服刷乾淨」，或者「約翰，把你的手洗乾淨」。一個主動自己梳頭髮、自己換衣服，自己繫鞋帶、自己扣扣子的孩子，從他的喜悅和成就感就能夠反映出人性的尊嚴，而這些都是靠著獨立自主獲得的。

孩子透過工作所獲得的快樂，使他們在做每一件工作的時候都充滿了熱情。在擦門把手的時候，他們會花上很長時間，將門把手擦得晶亮，就像一面鏡子。即使是一些簡單的工作，如揮灰塵或者掃地，他們也一樣會非常小心。很明顯，讓孩子受到鼓舞的並不是他們完成了多少工作，而是這些工作可以讓他們充分發揮自己的潛力 —— 孩子們能夠花多長的時間專注於一件事情，取決於他們有多少潛力可挖掘。

孩子天生就不喜歡反反覆覆的去做一件同樣的事，但是重複可以使孩子變得熟練。我曾見過這樣一群很小的孩子，他們可以獨自脫衣服、穿衣服、扣扣子、繫蝴蝶結、繫鞋帶，還能把碗筷擺放得整整齊齊，甚至會幫大人洗碗、洗杯子和盤子。由於旺盛的精力，不但讓孩子們學會了很多事情，而且還讓他們懂得幫助其他還不太明白怎麼做的孩子。

我曾經見過一個孩子幫著另一個小一些的孩子穿上了圍兜，又幫他繫好了鞋帶。一個孩子失手打翻了一碗湯，另一個大一些的孩子就馬上動手將地板擦乾淨了。

孩子們在洗碗和盤子時，不光會洗自己的碗和盤子，也會將其他的髒碗和盤子都洗乾淨；當他們幫忙擺放碗筷時，他們不僅會擺放好自己的碗筷，也會幫忙擺放好其他人的碗筷。更重要的是，孩子並沒有覺得自己是在幫助其他人，也沒想過要得到任何獎賞；對一個樂於助人的孩子來說，為別人做事本身就是一種獎賞。一天，有個神色黯然的小女孩在擺放著熱湯的餐桌前坐著，一句話都沒有說。原來是有個小朋友答應讓她幫忙擺放碗筷，可是他卻忘了這件事。小女孩因此失望得連湯都不想喝，她那小小的心靈因此受到了傷害，居然讓她到了茶飯不思的地步。

這樣一來，孩子們也發展了自己外在的社會行為；他們對自己的目標非常明確，並且能夠輕易的完成。讓孩子身處一個可以自己動手的環境之中，為孩子提供一個可以自己完成的目標。真正的學習興趣需要建立在非常深厚的基礎上，孩子按照自己的方式去做事，目的是為了滿足活動的驅動力和發展的需求。但是，要想讓他們的驅動力獲得滿足，就必須先設定一個明確的目標。

有時候，孩子會洗很多次手，倒不是孩子的手真的有多

麼髒，只不過由於孩子的手長在他自己的身上，只要看見了
自己的手，孩子便會產生些與手有關的聯想 —— 比如將手
打溼，抹上肥皂，然後用毛巾擦手。另外，諸如掃地、替花
瓶換水、把小桌子排列整齊、鋪好床單、把晚餐的碗筷擺放
好 —— 這些工作都可以讓他的肢體得到合理的鍛鍊。每一個
感受過家務的勞累之苦，卻又必須要做家務事的人，都肯定
能夠知道，看上去非常簡單的家務工作，實際要花上很多的
力氣才可以做好。特別是現在，當人們不斷強調體操與運動
對身體的重要性時，不要忘了還有一些其他的運動方式 ——
比如說做家事，儘管這並非通常意義上那種機械式的運動，
但它的目的卻非常明確。

　　看見孩子們都非常高興的去做日常生活中的那些練習，
所有到「兒童之家」來參觀的人都覺得非常驚訝，不過這還
不是最關鍵的事情，這只是一個開端，是孩子所有童年活動
中所占分量最輕的事情。

　　科學家、思想家通常會留給人們「專注於沉思」的印象，
有時甚至到了脫離現實的地步。牛頓（Newton）思考問題以
至於忘了吃飯，這樣的軼事大家都知道；還有阿基米德（Ar-
chimedes）正在思考數學計算的問題時，連敘拉古城被征服
淪陷都沒能讓他受到干擾，直到敵人到了阿基米德的面前，
他才被嚇了一跳；這些故事旨在突顯出一項人類的特性，那

是比沉思更為重要的 —— 專心。每一項偉大的發明的背後，科學家除了要擁有豐富的知識和文化的內涵，還有更重要的一點，就是要擁有與世隔絕的、全身心投入在工作中的專注力。

如果一個孩子的活動恰好可以和自己的內在需求互相搭配，孩子們就用自己的表現告訴我們他需要什麼。通常，孩子會千方百計的與身邊的人去做同樣的事情。

不過也有個別的孩子有一些特殊的需求，當孩子專注於自己的工作時，一定想與周圍的所有人、所有事完全的隔離開來。在神奇而又豐富的祕密世界中發現親密的孤獨，沒有人能夠幫他們感受到這一點。假如受到了干擾，這種感覺就會被破壞。他們的思想是在從外部世界獲得解放之後形成的，它必須依賴於內在精神的培養，四周的環境無法對我們產生任何的影響。

很多偉大人物之所以能夠如入定般進入沉思的狀態，正是因為他們具有這種內在的精神力量。還有一些偉大人物則借助於內在思想的力量，透過靜思和慈悲的心腸感化了眾人。再者就是一些人經過了長期的離群索居，突然有一天他們感到自己應該去幫助他人，應該為解決他們所面臨的困難提供幫助，他們不僅能夠對陷入仇恨與被侵略處境的同胞伸出援手，而且會以無比的耐心包容他們的錯誤和缺點。與此

同時，我們還有一個發現，在勞動和專注力之間，有一種非常緊密的關聯存在。乍聽之下，這似乎是很矛盾的兩件事，但其實它們是相互依存、相輔相成的。精神的力量能夠給予人們日常生活所需的動力，反過來，日常生活也透過身體上的勞動活躍了用來思考的大腦；而生理上的消耗則會不斷透過精神的支持獲得補充。一個人如果了解了自己，就會盡量滿足自己的內在精神需求，就如同面對睡覺、吃飯等生理需求一樣。而如果他忽視了精神上的需求，則會陷入危險的境地，就像身體在感到困倦、飢餓時卻毫無反應。

在孩子的身上，我們發現，他們也都具備這樣的思考能力，也能夠激發源自內心的專注力。所以很明顯，專注力並不是超凡脫俗或天賦出眾的人專有的一種特質，而是每個人都擁有的天性，不過只有很少的人在長大之後仍然能夠繼續擁有。

如果我們對孩子能夠讓人另眼相看的專注力予以重視的話，就不會只對我們覺得有用的工作展開討論。有些東西雖然看似沒有用，但孩子一看到就會受到它們的吸引。孩子會透過自己能夠想到的所有方法來把玩這些東西。不過孩子把玩這些東西的方式也許不會顯得那麼有條理；他通常會將剛開始玩的東西弄得一團糟，然後再重新開始玩。孩子們會多次的重複相同的玩法，儘管看上去他們玩得似乎不是非常起

勁，可事實上，我們是在見證一種非常特別的場景。最初當我發現這種情況時，我感到非常吃驚，我學過的無數心理學理論一瞬間在我的面前全都崩塌了。我甚至想大聲問自己這到底是不是真的？在我面前呈現出來的這一奇特的場景，竟然讓我感到那麼新奇。一直以來，人們都相信 —— 就連我本人也是這樣認為的 —— 孩子不可能在一件事情上面保持長時間的專注。可是，我曾親眼見過一個只有 4 歲的小女孩，正在非常認真的、專心的，嘗試著將很多不同大小的圓柱體分別放進對應的凹洞裡。她小心翼翼的將圓柱體一個一個的放進裡面，等到所有圓柱體都放進去之後，她又把全部圓柱體都倒了出來，然後再將這些圓柱體一個一個的放進裡面 —— 就像玩不膩似的一遍又一遍的玩著。我在一邊向其他的孩子講故事。等到小女孩玩了 14 遍這個遊戲，我又來到鋼琴前面，邀請孩子們跟我一起唱歌。但這個小女孩仍然一動不動的玩著那些圓柱體，甚至連頭都沒有抬一下，她似乎完全忘記了身邊的事情。突然，小女孩停下手，然後從地上站了起來，臉上帶著微笑，眼睛裡閃著亮光，她看起來非常高興，一副滿足、平和的樣子，就像清晨醒來之後被和煦的陽光照耀和包圍著的孩子一樣。

此後，我又觀察到很多次類似的行為。如果孩子做完了一項十分有趣的工作，他們總會顯現出一副平靜又非常愉快

的樣子。在孩子的靈魂深處，就如同開闢出了一條寬闊的道
路，激發出了孩子的所有潛能，將孩子好的一面完全展現了
出來。不論對誰，孩子都表現得非常和善，願意幫助別人，
而且始終都非常友善。有時，其中一個孩子會悄悄的來到老
師的身旁，小聲的說道：「我可是個好孩子呢！」就像是為了
讓別人相信這是個很大的祕密。

　　很多學者都從正面肯定了這一現象，不過對我而言卻有
著特別的意義。因為我將發生在孩子身上的這一切，都當成
了一種法則，並藉此解開了教育上諸多問題。我很明白，秩
序觀念的形成，以及智力、性格和情緒的發展，必然都是來
自這樣一個被遮蔽的源頭。因此，我開始尋找一些可以讓孩
子保持專注力的實驗道具，然後又精心的布置出了一個可以
幫助孩子提高專注力的最好的外部環境。

　　一切教育方法都堅持著相同的教育原則：學會抓住學生
寶貴的專注時間，並將其用在說、讀、寫故事上面，然後再
進一步應用於語法、數學、外語等科目。除此之外，心理學
家們也都認可一件事情，那就是教學方法只有一個 —— 讓學
生保持強烈的興趣和高度、持續的注意力。因此，教育的要
求的只有一個，透過充分激發孩子的潛能，達到讓他們自學
的目的。這樣做可行嗎？答案是不但可行，而且非常有必要
的。要想培養專注力，就必須慢慢的培養孩子的注意力，最

初，可以選擇那些辨識度較高，容易在感官上吸引孩子的物品，例如：不同種類、不同大小、不同顏色的圓柱體，可以發出不同聲音的樂器或其他教具，用觸覺可以分辨出來的、表面粗糙程度不同的物品等等。然後，再去教孩子字母、寫字、閱讀、語法、設計，以及更為複雜的歷史、數學和科學等。這樣，孩子的知識就可以透過遞增的方式進行累積。

所以，對新任老師來說，這樣的工作就變得非常微妙，而且還有一定的困難。孩子可以找到學習和前進的方向，又或者是受到了阻礙，完全取決於老師的引導。一個剛剛當上老師的人，在面對孩子的時候，感到最難理解的，就是為何一定要克制自己，不要對孩子多加指導。老師必須要清楚，他絕對不能對孩子的自律施加影響，而應該對孩子自身所蘊藏的潛力充滿信心。當然，在很多情況下，有些老師通常會無法自我控制的去教孩子，去糾正他們或是去鼓勵他們，不由自主的想在孩子面前炫耀自己豐富的經驗和深厚的學識；不過，老師最終還是要控制住這種虛榮心，不然的話就無法獲得滿意的成效。

一個在教育方面不得法的老師，只能依靠勤奮來彌補自身的不足。他需要有計畫的為孩子們營造合適的環境，準備好具有明確用途的教具，同時細心的引導孩子去學習日常生活中能夠接觸到的實際工作。對於老師，我們的希望是，他

可以辨別出哪一個孩子做的是對的，哪一個孩子做的是錯的，老師一定要保持沉著和冷靜，並且隨時守在孩子的身旁，適時給予孩子們愛和信心。

　　老師是為全人類的福祉做貢獻的人，他必須要像將自己獻給爐火的女神維斯塔（Vesta）一樣，去保護別人已經點燃的小火苗，不要讓它受到半點汙染；他必須要將全部身心都奉獻給孩子，點燃他們那純潔的心靈火花。因為一旦忽略了孩子的心靈火花，它很可能就會永遠熄滅，再也不能點燃。

第五章
如何培養兒童的注意力

第五章　如何培養兒童的注意力

　　當兒童處於一個有利於精神成長的環境中時，我們想要看到他們會能夠將注意力集中到某一個目標上面，然後帶著目的去做這件事，而且還會不停的重複去做。有的孩子可能會重複 20 次，有的孩子會重複 40 次，還有的甚至能夠重複 200 次。這便是我們想要看到的第一種場景，這也是與精神成長關係密切的那些行為的先導。

　　很明顯，是源自內心的原始衝動，促使兒童表現出了這種活動的跡象，甚至可以說像是一種模模糊糊的精神上的飢渴。要讓這種飢渴感得到緩解，就必須要把兒童的思想引向一個明確的目標，引導著它們慢慢變成一種最基本的智力活動，但是在對比、判斷、決定一個行動，或是糾正某個錯誤的過程當中，又是表現得比較複雜和重複。假如某個孩子長時間的玩積木，連續幾十次都把積木放到了該放的位置，然後又移開；或者是他自己向自己出了一道難題，然後自己又把這道題解開了 —— 如果他對這些的興趣變得越來越大，並且試圖不斷的去重複這些動作，那麼他就加強了促進思想發育的複雜的心理活動的練習。

　　或許正是因為這種內在意識的發展，兒童在擺弄這些東西的時候顯得很愉快，玩耍的時間也會變得更長。就像一個口渴的人，只看著水或是小口的喝水是無法讓他感到滿足的，必須讓他大口大口喝個飽，換言之讓他喝到滿意為止。

所以，要想滿足這種生理上的飢渴，單單好奇的觀察是遠遠不夠的，更不要說光是聽別人描述怎麼做了。必須要到拿到自己的手裡，盡情的把玩，直到心滿意足才能罷休。

我們可以將這個事例視為心理建構的根基，這也是教育唯一的一個祕訣。外部的目標是對內部精神的鍛鍊和培育，這樣從「內部」進行鍛鍊對其本身而言，可以說是行為的終極目的。所以，在孩子玩積木的時候，立體的插板不光可以傳授給孩子大小的知識，平面插板也不光可以向孩子解釋關於形狀的問題。它們的目的與其他所有的工具一樣，都是為了讓孩子的能動性得到鍛鍊。透過這樣的方法，他們的確掌握了真正的知識，並且令掌握這種知識的熟練程度與自己注意力的專注程度形成了正比例關係。正是由於準確的獲得了關於形狀、顏色和範圍等感官知識，因此才讓這種內部活動在不同的領域進行擴散，並且擁有了獲得更大成就的可能。

直到目前，所有的心理學家都有這樣一種共識，三、四歲孩子的注意力具有不穩定性；他們會受到自己所看見到的每一樣東西和事情的吸引，他們的注意力會從一個目標轉向另一個，讓它們專注於某一個固定目標是很困難的。通常來說，兒童不能保持高度的注意力是推展兒童教育的一塊絆腳石。威廉‧詹姆士[07]曾經這樣說：「我們都明白，兒童的注意

07　威廉‧詹姆士（William James，西元 1842 ～ 1910 年），美國哲學家、心理學

力具有極大的不確定性，這種不確定性會讓他們的第一堂課變得很混亂……注意力具有被動性和反射性……引起兒童注意的似乎更多的是偶然情況下發生的，很少是他們主動注意的，這是教師在教育過程中首先要克服的一個困難……能夠一次又一次讓注意力主動從恍恍惚惚的狀態中恢復到正常狀態，這種能力是培養孩子性格、判斷力、和意志的源頭……所以增強這種能力的教育可以說是最好的教育。」

因此，如果一個人只是由著自己的天性自然成長，那麼就永遠不可能將自己游移不定的注意力集中起來，而只是不斷的從一個目標轉移到另一個目標。

其實，在我們所推展的教育實驗中，幼童的注意力從來都不是靠教師的人為培養形成的，而是由於目標的出現令孩子的注意力變得集中了，好像是滿足了內心的某種衝動，這是一種非常明顯的東西、僅僅依靠他們成長發育的「需求」的引導就能夠形成。同樣道理，新生兒之所以能夠完成那些複雜而又協調的吸吮的行為，也是因為受到了一種無意識但又最重要的營養需求的控制，而這卻不是一種目的性極強、有意識習得的特性。

確實，新生兒的口腔不可能有目的、有意識的去習得這

家。他和查爾斯・桑德斯・皮爾士（Charles Sanders Peirce）一起建立了實用主義。被譽為「美國心理學之父」。

種行為，兒童的第一次開始產生內心活動也是同樣的道理。所以，最先呈現給新生兒外部刺激的應該是他眼前看到的媽媽的乳房，是吮吸進嘴裡的媽媽的乳汁，這些是很重要的。只有在這個時候，我們才發現孩子的臉上表現出來了一種令人驚奇的現象 —— 他的注意力變得高度集中了。

一個只有三歲的兒童能夠連續重複 50 次同樣的動作，儘管他的身邊有很多人 —— 有的人在彈鋼琴，而孩子們則聚在一起合唱歌曲，卻沒有人能夠分散他那已經高度集中起來的注意力。還有正在吸吮母親乳汁的孩子也是如此，他絕對不會為了外界發生的事情而停止吸吮的動作，直到他吃飽為止。

這樣的奇蹟只有大自然能夠創造出來。假如心理表現的本身便植根於大自然，那麼為了更好的理解和幫助大自然，我們就有必要對大自然的初始階段進行研究，因為那些通常是最簡單，卻也是唯一可以揭示的真理。這些真理可以作為指南，用來解釋後來那些更複雜的現象。現在已經有很多心理學家進行了這樣的研究，不過他們在採用實驗心理學的方法進行分析時，卻沒有從生物科學開始自己的研究，他們觀察的對象是活著的、自由的生物。例如法布爾（Fabre）在研究昆蟲時就沒有進行任何的干擾，而是任由昆蟲自由自在的展現牠們的自然形態。如果他只是單純的將昆蟲抓進瓶子裡

用來做實驗和進行各項研究，他絕對不可能發現昆蟲的生命奇蹟。

假如細菌學家沒有設定一種研究方法，創造一種在溫度條件和營養物質等方面符合細菌繁殖的環境，使細菌可以自由的生長並展現牠們的特點；假如他們只是在顯微鏡下固定觀察某一種疾病的細菌，那麼，這門可以挽救很多人生命、讓整個民族避免傳染病的科學今天也就不會存在了。

所以，透過多種方法觀察、研究生物的真正的基礎是這些生物的生存自由。

研究兒童注意力現象，自由是基礎條件

我們只需要注意一點就足夠了：能夠刺激並讓嬰兒注意力集中起來的東西，大多數都是感官上的，這就需要保證他們在生理感官方面的強大的適應性。從生理角度來說，嬰幼兒在生理方面發育得還不全面，這就要求在培養這種適應性的時候遵循自然的規律。不適合成為對嬰幼兒發育過程中具有刺激作用的物品，也不會吸引他們的注意力，甚至會讓他們覺得疲勞並且傷害他們的生理器官，比如耳朵、眼睛等。但假如兒童選定了一種物品，並全神貫注的把玩這些物品的時候，他們臉上的表情就會顯現出一種愉快的表情，而這正

是他們健康功能活動的表現之一，這種表情經常會伴隨著對身體各器官有益的活動而出現。

同樣，注意力也需要一種觀念性的準備工作，而且要與外部目標產生某種關聯，換一種說法，就是需要心理上的「適應」。當外界事物對大腦產生刺激時，中樞神經就會透過內部某種既定的程序依次變得興奮起來。舉個例子，一個人正在等人，當他看見要等的人正走過來的時候，那個人首先會出現在他的視線中，由於他正盼望著對方到來，所以當對方隱約的身影出現時，他的大腦的中樞神經就已經興奮起來了，所以他的注意力就會始終集中在這方面。獵人能夠敏銳的察覺樹林中野獸發出輕微的響聲，也是同樣的道理。簡單來說，內外兩種力量對腦細胞所產生的作用，就像是對一扇關閉的門施加作用：「敲門」的一方是外部的感官力量，「開門」的一方是內部的力量。倘若內部的力量不想把這扇門打開，那麼外部的感官力量即使「敲門」也沒用。即使是最強烈的外部刺激也一樣。譬如，一個人正在風景如畫的峽谷中遊玩，但他卻心不在焉；而另一個人正專心於某一項工作，他也有可能完全聽不到街道上正在表演的樂隊的聲音。

注意力的核心是由偉大的心理和哲學價值觀因素構成的，在教學方法上，它也總是能夠在實用性上展現出最大的價值。教師這門藝術的本質就是在教學過程中牢牢抓住孩子

的注意力，確保在教師「敲門」的時候，兒童也能在同時用自己的內部力量去「開門」。但是當孩子完全不清楚或不理解自己的目標時，他們便不會對此產生任何興趣，這時，需要採用的基本教學原則就是要將他們從已知帶入未知，從簡單帶入複雜，進而讓兒童產生期望，並將注意力集中到所期望的事情上面。

所以，根據教學法的定義，「為個人選擇合適的位置」——為了讓注意力集中而做好心理準備也是可以的。在所有已知、未知或者類似的事情中間，都需要依靠某種技巧來操縱。優秀的教師能夠像一位偉大的軍事家那樣，只需要站在辦公桌前面策劃一場戰鬥就足夠了。可以這樣說，人是能夠指揮別人的，他可以將其他人帶到任何一個那個人想去的地方。

要想永遠熟練的掌握心理學，就要一直堅持唯物主義原則。赫伯特·史賓賽 [08] 認為，從某種程度上來說，人的內心一開始就是一塊普普通通的黏土，它的外部因素是「雨」，雨水打在黏土上，留下了或深或淺的印跡。按照他和英國經驗主義者的理論，構成「經驗」的元素，就算在最高等級的

08　赫伯特·史賓賽（Herbert Spencer，西元 1820 ～ 1903 年），英國哲學家、社會達爾文主義之父，他提出將「適者生存」應用在社會學，尤其是教育及階級鬥爭。但是，他的著作對很多課題都有貢獻，包括規範、形上學、宗教、政治、修辭、生物和心理學等等。

活動中也是一樣。造就人類的正是經驗。所以，在教育發展過程中，如果有一種適當的經驗體系，就能夠造就一個人。從分析化學發展到合成化學，再發展到有機化學，人類獲得了偉大的進步，唯物主義的理論也開始占據越來越重要的地位。有人認為，蛋白是能夠靠人工方式來合成的，因為蛋白是構成細胞的基本成分，而且人類的卵子也是細胞，因此在將來，人類或許能夠在化學家的實驗室裡製造出另外一個自己。可是，在這樣一個物質的世界裡，「人類是自己的創造者」這樣的概念很快就會受到懷疑，而在教學方法的實踐中，一些心理不健全的概念還在使用。

　　一切沒有物質存在的活動、一切維持生命所必需的潛在力量、一切能夠促進人體細胞生長和發育的神祕因素，都不可能被添加到細胞裡面去。很明顯，細胞就是一塊很小的帶核的原生質。

　　兒童很難將自己的注意力集中起來，這個現象好像是在對我們說，一個有思想、有判斷力的人也會受到類似的自然法則的約束。

　　威廉‧詹姆士，這位現代派心理學家在他的最新理論中闡述了這樣一個事實：在集中注意力這個行為過程中，與其緊密連結的是事物天然的屬性，是一種「精神力量」，是一種「生命的神祕因素」。

第五章　如何培養兒童的注意力

「……因此人類不清楚自己的最高智慧是從哪裡來的，也不清楚自己對於最高的物質欲望是怎樣產生的，人類更像是一隻蜜蜂，只憑著自己的本能去釀蜜……」（但丁：《神曲·地獄篇》，第十八章）

人類天性中很大一部分是由他們對外部事物的獨特態度所構成的，這種獨特態度決定了他們的性格特性。他們的內部活動作為一種起因而發揮作用，不是像外部因素一樣是為了對這個起因做出反應而存在。人類的注意力不會被他所認為不重要的東西吸引，而是被那些能夠引起他強烈興趣的事物吸引著。對我們的內心活動有用的事物，就能夠引起我們的興趣。因為我們的內心活動是因為對外部世界有選擇而存在的，這與我們內心活動的要求也是一致的。在這世界上，畫家所看到的顏色種類比普通人要多得多，音樂家則會受到各種聲音的吸引。我們的注意力能夠讓自己得到展現，透過我們表現出來的態度，從外部進行展現，但我們卻並不是由自己的注意力所創造的。每個人的性格、內心的狀態、與其他人的差別，即使是在同樣的環境下，也會很明顯的表現出來，但他們只是從這個環境裡獲取個人所需的東西。用來構成個體的與個人有關的外部世界「經驗」不會導致混亂的出現，但其熟悉的個體的能力卻能夠造成這種混亂。

透過內心深處的精神力量，兒童打開了注意力的大門

　　對於引導兒童心理形成的自然力量，假如我們有什麼疑問的話，那麼在我們應對孩子的實踐活動中獲得的經驗可以解答所有的問題。任何一個教師都不具備讓孩子集中注意力的技能。很顯然，注意力還是內部因素在發揮作用。一個3～4歲的兒童所展現出來的集中注意的能力，在歷史所記載的天才之中幾乎無法找到與之相似的人。這樣的兒童似乎重新展現出了在嬰兒時期所具有的那種超乎尋常的注意力，而有著這樣超凡注意力的人，如阿基米德，他在計算循環問題時被敵人殺害了。據說，位於義大利西西里島東部的港口城市敘拉古在被攻陷時，他的注意力都沒有受到任何的干擾。牛頓也是如此，他專心研究學術，以至於忘記了吃飯和睡覺。還有義大利詩人維托里奧・阿爾菲耶里[09]，他在寫詩的時候非常專注，就連路過自己窗前的結婚隊伍的喧鬧聲都聽不到。

　　但是，這些天才的偉大人物所擁有的注意力的特質是無法被那些透過興趣來讓孩子的注意力變得集中的教師給喚醒

09　維托里奧・阿爾菲耶里（conte Vittorio Alfieri，西元 1749～1803 年），義大利劇作家和詩人。他被譽為「義大利悲劇的奠基人」。代表作：《克莉奧佩特拉》等。

的，無論他的教學藝術有多麼高超，而且所有被動經驗的累積都不能使一個人成為這種心理能力的聚積者。

假如兒童依靠施加在自己內心的精神力量發揮作用，打開了自己注意力的大門，那麼對兒童心智建構施加影響的教學藝術問題將不再是問題，關於自由的問題則成為必然產生的問題。在外部為兒童心理發育提供合適、必需的營養，盡量採取完美的方法來尊重發展的自由，從邏輯上來說，兩者都應當是建構新的教學方法的基礎。

19 世紀時化學家們想要製造出侏儒來已經不再成為問題，真正的問題是怎樣接過第歐根尼[10] 所提著的燈籠去尋找他所認為的好人。科學需要做的是透過實驗來建立兒童基本生理需求所需要的東西，我們也能看到很多非常重要的、複雜的生命現象的發生。其中，智力、思想和性格的共同發展，就如同正常發育的兒童一樣，他的大腦、胃和肌肉也在一起成長。

與第一次心理練習類似，第一次對於協調的認知會在孩子的腦海裡留下深深的印記，已經知道的東西會在他的腦海裡開始儲存，也會讓孩子第一次在智力上產生了興趣和意

10　第歐根尼（Diogenes of Apollonia），約活動於西元前 5 世紀前後。古希臘哲學家之一。他憑藉宇宙論以及試圖以古通今的思想而聞名。一生長住雅典。他的思想曾被劇作家阿里斯托芬（Aristophanes）在其喜劇《雲》中予以嘲笑。亞里斯多德（Aristotle）曾引述其著作，除哲學外，他還撰有關於醫學的論著。後人從其作品殘篇中認為他是早期的經驗主義者。

識，對他的本能興趣予以補充。這個時候，認知便會在孩子的身體內部開始建立一些屬於他自己的類似注意的心理機制，現在的教育學家視這種機制為教學藝術的根基。從某個角度來看，這種演變又一次產生了 —— 從已知到未知，從容易到困難，從簡單到複雜，只不過這一次演變帶有獨特的特性。

從已知到未知的這個過程，並不是像有些教師所想的那樣，是從一件事物轉移到另一件事物上，這種觀念不是教師從自己內心思考所得出的觀點，而僅僅是簡單機械的將它們連成了一個鏈條，儘管與自身連結在一起，但卻允許思想肆意漫遊。另外，作為一種複雜的觀念體系，「已知」已經在兒童的內心建立起來了，是兒童在自己一系列心理發展過程中主動、積極的建立起來的，它代表著兒童心理上的成長。

要獲得上述種種進步，我們就一定要為孩子們提供一些系統、複雜、符合他們本能的東西。比如，我們要透過自己的感覺器官，為孩子們提供一系列可以引起他們對聲音、形狀、顏色、觸覺和力氣的本質的本能注意的物品，孩子們則透過連續與各種物體進行的特別活動，對自己的心理個性進行組織和發展，同時還能獲取與這些物體相關的極有條理、極為清晰的知識。

自此以後，由於所有外部物體都有一定的形狀、重量、

顏色、尺寸、光滑度、硬度等，孩子們就不會對這些物體感到陌生。在他們的意識裡，也開始產生某種特殊的東西，讓他們總是盼望著見到這些東西，並且有興趣去把玩它們。

如果一個孩子能夠在原始衝動的基礎上增強自己對於外界事物認知的注意力，那麼他就擁有了與外部世界的其他形式、其他關係的興趣。這些興趣不再只是那些局限於原始本能的興趣，而是建立在了獲得知識的基礎上，而且形成了有深刻洞察力的興趣。

的確，一些新習得的知識都是將個體的心理需求作為基礎的。不過現在增加了智力的因素，並且把原始的衝動轉化成了一種積極的、有意識的探索。

在傳統的教學法概念中，要讓孩子的注意力轉移到其他未知的東西上面，就需要建立已知事物與它的關聯。為了讓孩子們獲得、學到一點細枝末節的新知識 —— 即使是我們已經透過實驗進行了驗證，我們必須這樣做，才能讓他們的興趣轉移到這一方面。

倘若已知的東西能夠成為了解並掌握未知事物的新的泉源，那麼按照自然發展的趨向，就很有必要讓孩子獲得「已知」本身。此前已經掌握的知識就會讓孩子們對未知、複雜的事物變得感興趣，而且這些知識對兒童本身來說也變得更為重要。

　　此外，這種文化本身就已經在孩子的大腦中建立了秩序。在課堂上，老師會明確的告訴學生什麼是長，什麼是短，什麼是紅色，什麼是黃色的時候，她已經用盡可能簡單的詞彙清晰對不同的感覺進行了分類和整理。每一種印象與其他的印象有著明顯的區別，而且在頭腦中也有著其明確的位置，只需要一個字就能讓學生回憶起來。所以，新的知識不會被拋棄、忘記或是與舊知識混雜在一起，而是會適當的儲存在一個合適的地方，與此前同類的知識歸納在一起，就像圖書館裡排列得井井有條的圖書一樣。

　　這樣，孩子在自己的內心世界不但獲得了想要讓自己知識變得更加豐富的動力，而且建立起了一種秩序，透過新知識的不斷累積和豐富，這種秩序也得到了持續而穩定的保持。當這些知識不斷增加，並得到了某種力量的時後，它就能夠保持「平衡」。透過對不同的物體進行連續的比較、判斷和選擇等練習，能夠讓孩子對於物體之間關聯的認識變得更有邏輯，其結果就是兒童能夠變得眼明手快，而且非常精準，又或者是短時間內提高自己的推理能力和理解能力，不管在什麼地方，只要能夠做到井井有條、活潑生動，那麼「以最少的努力，得到最大的收穫」這一法則就會變成現實。

　　如同心理適應一樣，內部協調是作為一種自發性活動的結果建立起來的。要想讓個性獲得自由的發展，那麼它的成

長和自身組織也取決於某種內部條件，類似人的胚胎，在它發育的過程中，心臟會在兩個肺之間為自己尋覓一個生長的空間，這是由於兩個肺之間存在著縱隔肌，由於肺部的擴張，隔膜就會變成弓形。

教師會對這些現象做出指導，但是在指導的過程中，教師會盡量避免讓孩子的注意力轉移到教師的身上，因為未來一直都需要孩子們保持全神貫注的狀態。所以，作為一門藝術，教師在教學過程中要理解並且不要去干預這種自然現象。

透過最小的努力深入挖掘兒童的潛能

我們之前已經討論了新生嬰兒的營養問題與第一次精神方面的協調活動問題，在人類生命中的每一個階段，類似的問題都會重複出現，並且隨著活動變得更加複雜而發生一些必然的變化。

現在來說說孩子的身體營養問題，讓我們來剖析一下那些才長出新牙、剛剛開始分泌胃液、正在慢慢長大的嬰兒，他們逐漸開始需要吃一些較為複雜的膳食，直到完全長大，借助現代社會所有複雜的烹調方式來製作滿足自己身體所需各種營養的食物。為了保持自己身體的健康，他應該只吃

與自己身體直接相關且符合需求的食物。如果飲食太過豐富或是不同尋常、不合適，又或者是吃了有毒的食物，其結果必然是出現營養不良、食物中毒甚至是死亡。營養衛生學作為一門研究兒童哺乳期和嬰兒期營養均衡的學問，不僅為孩子，也為成年人明確指出了所有人都會面對的嬰兒衛生學中的危險，可是這些危險卻很少有人知道。

還有一個問題：關於心理生活，成年人要比孩子複雜得多，同理，成年人在滿足本性需求與精神需求兩者之間總是得到互相的呼應。而內心生活的原則對他的健康是有很大幫助的。

接下來我們來說說注意力的集中，在和大一些的孩子互動時，生命的本性與對本性的外界刺激之間，應該是相互對應的。不管發生怎樣的變化，它一直都是教育的基礎。

我早已經對即將到來的「專家們」的反對聲做好了準備。因為他們覺得孩子必須要能夠對每一種事物都保持注意力的集中，即使是那些東西讓他們毫無興趣 —— 現實生活總是這樣。

這種相反的觀點其實是建立在一種偏見的基礎上的。有一次，一位好父親曾經這樣說道：「孩子要習慣去吃每一樣食物。」同理，道德教育被放在了合理的範圍以外 —— 這是一個極大的錯誤。不過有一點值得慶幸 —— 這種強迫式的觀

點已經成為過去，假如還有家長存在這種觀念，那當他的孩子在午飯期間不肯吃一道他不喜歡的菜時，這個家長就強令孩子只能吃這道菜，而且一整天都不能吃其他的菜。即使這道菜已經變涼、變得很難吃，到最後，孩子的意志被飢餓的感覺所削弱，他所有的幻想都破滅了，最終他只能將這道菜吞下去。這時，家長就會自詡在所有情況下都可以把孩子的生活安排得很好，自己的孩子什麼樣的食物都會吃，不管孩子愛不愛吃。而且自己的孩子是一個不貪吃也不任性的好孩子。在以前，家長認為孩子不能吃糖（而他們的身體卻非常需要糖分，因為人體的肌肉在發育過程中需要消耗很多糖），為了讓孩子明白貪吃是不對的，家長們採取的一個最簡單的糾正方法，就是不讓孩子吃晚飯，讓他們直接去睡覺。

　　為了讓孩子們適應這種現實生活的需求，有些人依然堅持認為，兒童對於自己不喜歡的東西同樣也要保持注意力，他們現在採用了一種類似的方式。但是，即使在身體極度需要營養的情況下，吃那些已經變涼的、令人沒有食欲的食物也不是無法讓人接受的，消化不良、暴飲暴食只會讓孩子們的身體變得更弱，甚至會對他們造成毒害。

　　如果像上面那麼做，我們就無法擁有強大的精神，更無法應對生活中遇到的一切艱辛。喝了冷湯之後馬上就上床睡覺的孩子通常會出現發育不良、身體虛弱等問題，一遇到傳

染病也很容易立刻病倒 —— 因為失去了抵抗力。從道德的層面來說，孩子對於飲食的欲望根本沒有獲得滿足，他會因此將滿足這種欲望視為是最大的快樂和自由，等到他長大了時，他會毫無節制、暴飲暴食。到那時，他會和現在的孩子產生多大的區別啊！如果孩子可以得到合理的餵養，就能夠保證身體的健康，生活也會有節制，不酗酒、不暴飲暴食 —— 吃飯就是為了身體的健康。現代人能夠透過很多的方式來抵禦傳染病，而且可以主動與疾病進行爭鬥，他們勇敢的進行各種艱苦的體育訓練，時刻努力準備開創偉大的事業，例如發現南北極、攀登世界著名的高峰。

而且，人類還可以勇敢的面對殘酷的道德衝突，勇敢的承擔來自精神上的折磨，這樣的人意志非常堅定，他十分善於保持精神上的平衡，同時能夠果斷快速的做出自己的決定。

一個人，如果能夠很好的正常發展自己的內心生活，讓自己做好準備去面對已知的自然法則，並且形成自己的個性，那麼他就一定能夠具有堅毅的品格和健全的心智。為戰鬥做好準備，不一定要從出生的那一天就開始，可是他一定要保持強壯的體魄。只有這樣的人才能夠做好準備，沒有哪一位英雄在做出英雄的成績之前就被人稱為英雄。未來的生活無論多麼艱苦，都是無法預知的，沒有人能夠提前幫助我

們準備好一切去迎接那些將會到來的困難和痛苦，只有那些體魄強壯、朝氣蓬勃的人才可以應對一切。

每一種生物，如果牠正處於進化過程中，那麼為了保證自身的正常發育，就需要為牠在某時某刻所面臨的特殊情況提供特殊的保障。如胎兒一定要透過血液傳遞營養、新生的嬰兒一定要靠奶水來餵養。一個在母親子宮裡發育的胎兒，如果血液中缺少氧氣和蛋白質，或是有毒的東西進入了胎兒的身體組織，那麼這個生命就無法正常孕育，即使是產後精心照料，也無法讓一個先天不足的人變得強壯。假如嬰兒一出生就沒有足夠的奶水吃，那麼生命最初階段的營養不足將令他永遠處在一種劣等的境地。嬰兒躺在母親懷裡吃奶、充足的睡眠，都是在為以後的行走做準備，正是因為不斷的吸吮，嬰兒的牙才會長出來。所以，巢中的雛鳥在為飛翔做準備的時候，不是撲閃著翅膀連結飛翔，而是一動不動的待在溫暖的小窩裡，享受這充足的食物供應。這是在為以後的生活做間接的準備工作。

鳥兒壯麗飛翔、野獸動作凶猛、夜鶯歌聲動聽、蝴蝶斑駁美麗的翅膀等等這些神奇的大自然現象，它們的序曲都是在隱祕的鳥窩、獸窩，或是一動不動孤獨的繭中開始奏響的。在生物的形成過程中，萬能的大自然只要求保持寧靜，其他一切則全等著大自然賜予就行了。

　　對孩子們來說，我們也應該為他們的精神找到一個溫暖的巢穴，在這個巢穴裡，只要保證充足的營養就夠了，我們要做的就是靜觀其變。

　　所以，為了獲得滿意的結果，我們需要為兒童提供與他們的精神形成趨勢保持一致的東西，那我們教育的目標是什麼呢？就是付出最小的努力，最大程度的開發兒童的潛能。

第六章
如何培養兒童的意志力

當一個孩子從很多物品中挑選出自己最喜歡的那一件時，當他從櫥櫃裡將那件東西拿出來又放回去，或是將它讓給同伴玩的時候；當他喜歡的東西正被其他同伴拿在手裡，而他一直等到那個同伴把這件東西放在旁邊不再玩的時候，當他長久的聚精會神的擺弄著一件東西，而且邊擺弄還一邊將其中有錯誤的地方改正過來的時候，當他屏氣凝神、安靜的擺弄著一件物品，卻聽到老師在叫他的名字，他才緩緩站起身，非常小心，躡手躡腳，唯恐會因為碰到桌椅而發出刺耳的噪音時，在上述這些情況下，他始終都在用自己的「意志力」來控制自己。可以這樣說，在他的心裡，他始終都在進行著意志力上的練習。不但如此，意志力是支配他一切行為和態度的真正原因，所有這些都建立在了他內心所連續保持的注意力的基礎上。

意志力決定了一個人所有的行為和態度

意志力能夠透過一個人的行為動作在外部表現出來：不管他做出什麼動作，走路、工作、談話、寫字、睜開眼睛、閉上眼睛……所有這些行為都受到了「動機」的控制。同樣，意志力也能夠控制人的行為動作，例如控制自己不要因為氣憤而做出不理智的行為，控制自己從別人手中搶奪自己喜歡

的物品的想法等。所以意志力絕對不是行為動作上簡單的生理衝動，而是一種非常理智的對行為的控制。

如果行為動作不完整，那麼就不會表現出個人的意志力。那些想要好好表現自己卻不動手去做的人，那些想要改正過錯卻從未付諸行動的人，那些想要外出、寫信、打電話，卻最終什麼都不做的人，其實是一種意志力沒有得到貫徹執行的表現。只是在心裡想或心裡希望怎麼樣是遠遠不夠的，關鍵是要行動。這就是所謂的「想一千遍不如做一遍」。

意志的生命也就是行動的生命。人類所有的行為都是衝動和控制的結果，經過不斷重複，兩者形成的合力幾乎變成了一種習慣性動作或是下意識的行為。這是事實，總結起來說，這樣的行為習慣就形成了「教養良好的人的舉止」。舉個例子，今天我們想去看望一個朋友，可是我們很清楚，只要去看望他就會打擾到他，因為他今天有事無法接待我們，那我們就不要去了。再比如說，我們正在畫室的一角舒適的坐著，此時突然有一位很有名望的藝術家進來了，所以我們馬上就站了起來。再比如，我們認為一位女士並沒有那麼強烈的吸引力，可是我們仍然會向她鞠躬、行吻手禮。又或是我們非常喜歡吃鄰居自己製作的蜜餞，但我們仍然盡量不會去向其他人表露這一點。我們做出上述行為動作並非出於某種衝動或厭惡的情感，而是我們自己覺得這樣做才是端莊得

體的。如果沒有衝動，就不會有社交活動；但如果沒有意志，我們便無法控制、指引、利用這種衝動。

　　這兩種作用力可以說是完全相反的，兩者之間存在著互惠互利又互相制約的關係，這是靠著長期訓練得到的結果，也是人類社會故老相傳的「習俗」。在做這些的時候，我們並不需要費多大力氣，也用不著用知識去推理。所有這樣的行為幾乎完全是一種自然形成的條件反射。可是我們要進行討論的絕不是那種條件反射的行為，而是一種成為習慣和自然的行為。我們非常清楚，在一個人成長的過程中，如果沒有接受關於遵守紀律的教育，只是草草了解了一些與紀律有關的知識，那麼他就經常會犯下大錯，甚至因此而犯罪，因為他所做出的一些需要協調的自發行為動作都是被迫「執行」的，並且在警覺與意識的操控下來對這些動作進行指導，這種長期的、持續的努力和風度高雅的人的「習慣」相比是有著極大的差別的。在意識以外或是意識的邊緣的地方，意志力在儲存著持續的努力，並且讓意識沒有任何阻礙的進行著新的發現，然後做出更大的努力。所以，那些可以從中發現意識的存在的習慣，已經不再被我們認為是確鑿的意志力的證據，從某種程度來說，那只不過是觀察、注意每個動作，可能只是與社會風俗中認可的風度舉止相符合。既然這樣，如果一個人在受過教育之後做出這樣的舉動，那麼只能表示

他是一個「心智健全」的人。

實際上，能夠讓建立在廣泛適應的基礎上的人格變得崩潰，令人不再做出禮貌的行為舉止的，只有疾病這一種可能。我們都知道，神經衰弱病人在剛剛表露出偏執症狀的時候，看上去只是行為修養變得有些糟糕。

此外，舉止合度的人最多只能算是普通人，我們不會將他稱為「意志力堅強的人」。這種人的意識始終都在接受考驗，所以那些儲存在意識以外或意識邊緣的機制，便不具備「意志力的價值」。

當孩子初次「考驗」自己的手臂時，他的本性與剛剛所描述的完全不同。跟成年人相比，這個小生靈的平衡力還未得到完善，所以他幾乎總是變成衝動情緒的受害者，有時還會屈服於最頑固的控制力。與意志力有關的兩種保持對立的行為尚未完美融合，形成一種新人格。人處在心理萌芽階段的時候，這兩種因素依然是分離的。最關鍵的是，這樣的「融合」與「適應」應該在潛意識中出現並且發揮支持的作用。所以，但凡有機會，就一定要努力練習，因為這樣的發展很有必要。我們現在探討的教學方法，其目標不是要把孩子培養成一個早早就懂得禮貌的小「紳士」，而是讓他的意志力得到最大程度的鍛鍊，儘快在他的控制和衝動之間建立連結，所有我們需要做的是建立這種連結，而不是這種連結建立之後

想要獲得的結果。

　　其實，這只是實現目標的一種方式，這個目標就是：孩子們相處融洽，並且在日常的生活習慣中培養意志力。專注於某一項工作的孩子為了做好這項工作，就不會去做任何其他與這項工作不相干的事情。在自身所能達到的肌肉協調活動範圍內，他會做出正確的選擇，並且堅持下去，最後讓這種協調的動作變成一種習慣。這與有些孩子總是容易衝動做出不理智的行為形成了截然相反的對比。當他已經學會尊重其他人的工作、或是耐心等著拿到自己想要得到的東西，而非從別人手中把這些東西搶到自己手裡的時候，當他四處走動卻能控制自己不撞到別人，不踩到別人的腳，不把桌子撞翻的時候 —— 都顯示他正在培養自己的意志力，讓衝動和控制處於一種平衡的狀態。這是他在為自己融入社會生活所做的態度上的準備。倘若讓孩子們肩並肩、一動也不動的在座位上坐著，是不可能實現這樣的目標的，孩子與孩子之間的連結也無法建立起來，兒童的社交生活也無法展開。

　　正是因為存在這樣特殊的往來，透過讓孩子們被迫去互相適應，才有可能建立這種社交的「習慣」。只告訴他們應該怎樣做 —— 這樣的說教絕對無法實現培養意志力的目標。要想讓孩子舉止優雅，只向他們灌輸「權利與義務」和「要有禮貌」的觀念是遠遠不夠的。假如這樣就可以的話，那麼一

位專心致志的學生要想彈奏貝多芬的奏鳴曲的話，只要告訴他彈鋼琴必需的指法就足夠了。上述這些因素中最重要的就是「構成」，而意志力則是經過訓練才形成的。

以前，在針對兒童個性進行培養的教育中，非常有用的一點是將所有機制調動起來。就像運動一樣，讓孩子們練體操是必須要做的，眾所周知，如果肌肉沒有得到充分鍛鍊，就不可能完成需要肌肉系統去完成的所有運動，為了在心理上保持一貫的能動性，像這樣的體操系統是非常必要的。

機體得不到鍛鍊就很容易在之後出現缺陷，一個人如果肌肉的力量不足而且還不願意鍛鍊，那麼當他必須馬上採取某些措施來脫離危險的話，他就只剩下死路一條了。所以，意志力薄弱、意志力低下甚至是喪失了意志力的孩子們，能夠快速的適應一所強迫所有的孩子坐著不動並且裝出一副聽課狀的學校。不過，在這些孩子中，大部分人的結果就是去醫院裡醫治他們已經錯亂的神經，學校通常會在給他們家長的通知單上寫下這樣的評語：「學習進步，表現突出。」有些老師則會評價說：「這些學生真的很乖。」這些孩子就這樣在沒有受到任何干擾的情況，長期處在薄弱的狀態中，像陷入流沙一樣被慢慢埋沒。有些孩子天性好動，卻被學校和老師視為麻煩的製造者 ——「搗蛋鬼」。如果我們深入研究一下他們調皮的原因，幾乎可以得出一個統一的答案：「他們總

是無法安靜下來」，接下來，他們的好動就被斥責為「冒犯同學」，而所謂的冒犯基本上都是屬於這種類型。他們想方設法的想讓其他同學從安靜的狀態下變得激動起來，與他們聯合起來。還有些孩子是抑制力占據了主導地位，他們非常害羞，有時幾乎連回答老師提問的勇氣都沒有，在受到了外部的刺激之後，儘管他們回答了問題，但是聲音卻非常小，有的甚至會哭起來。

以上三種情況需要透過給予孩子自由的活動來進行鍛鍊和改善。對意志薄弱的孩子來說，其他孩子的活潑好動是一種最好的刺激，當孩子們不再受到學校和老師的監視，可以自由自在的根據自己的意願展開活動，有序的訓練能夠讓過於好動以及過於不好動的孩子培養意志力。換言之，當孩子們在訓練意志力的外部誘因中獲得解脫的時候，就能夠在這兩種正好相反的意志力之間達到平衡，這的確是讓全人類獲得拯救的方法——弱者可以得到力量，強者可以達到完美。

在衝動和控制之間，如果缺少了平衡，不光是病理學中一個令人感到熟悉而有意思的事實，也更多的出現在很多正常人身上，儘管程度並沒有那麼嚴重，但是它的常見性就像我們在社交領域中看到的教育所存在的各種不足與缺陷一樣。

衝動會令罪犯做出對別人有危害的行為，但是又有幾個正常人會因為自己輕率、衝動的行為會傷害別人而經常感到

後悔呢！很多時候，容易衝動的正常人只會讓自己受到傷害、讓自己的事業遭受損失、讓自己的才華無法施展。他會受到內心的譴責，就像受了什麼原本能夠避免的不幸一樣。

從病理學上進行分析，一個受到意志力過度控制的人則更加不行，他會在很長一段時間內不活動、沉默不語，可是在他的內心，他其實是渴望活動的。本來有一千個理由能夠讓他在衝動之下去滿足自己從事藝術和工作的渴望，可是他一個都無法找到。他可以憑藉雄辯的口才去尋求心理醫生的幫助，讓自己從高尚的靈魂那裡得到撫慰，可是他卻三緘其口。他感受到的是一種如同活埋般的可怕的壓抑。有多少正常的人都在遭受這樣的痛苦啊！在他們一生中，本來有很多合適的機會讓他們展現自己的價值，但他們卻不能去展現，有多少次他們想要將自己真實的感受表現出來，去扭轉艱難的形勢，可是他們卻關上了心門，閉上了嘴唇，保持著沉默。他們多麼想向那些能夠理解、啟發並安慰自己的人去傾訴衷腸啊！可是，當他們面對那些高尚的人時，卻連一句完整的話都無法說出來。那些高尚的人會鼓勵他們、詢問他們、啟發他們將自己的感受表達出來，但他們卻只能用內心的極大痛苦來進行回應——說出來吧！說出來吧！他們的潛意識中產生了這種衝動，可是他們的意志力卻像無法阻擋的自然力量一樣冷酷無情。

　　倘若在意志力形成的階段能夠治癒這種狀況，那麼這些問題就只能透過自由的活動，在衝動和控制達到平衡的意志力教育培養中獲得解決。

意志特質的堅定性和持久性

　　在潛意識裡建立起來的一種平衡，能夠讓一個人在社會上的行為變得「正確」，可是這絕對不是我們所說的「有意志力的人」所需要的平衡。前面已經說過，意識是獨立於其他自願習得之外的。最富有修養、出身最為高貴的女士或許是個「缺乏意志力」、「缺少性格」的人，就算她已經得到了能夠指導她處理外部事物最為靈活、最有創造力的能力。

　　每個人都有一種從一出生就存在的自發的基本特質，不光人與人之間的表面關係是建立在這個基礎上的，就連高樓大廈也是建立在這種特質的基礎上，這種特質也就是我們所說的「持續性」。社會結構是建立在人類能夠連續工作，在一定範圍內可以進行生產這一事實的基礎上，民族經濟的平衡也可以建立在這樣的基礎上。社會關係是人類繁衍的基礎，這種關係也是以持續不斷的婚姻關係的紐帶為基礎建立的。家庭與生產，是社會發展的兩大支柱。它們的立足點也是最偉大的兩種意志特質：堅定性與持久性。

　　這種特質能夠使人類變成內在個性和諧的典範。如果缺少了它，生命就會變成一個個失去了連貫性和條理性的章節，變得混亂不堪。如同一個全身細胞分崩離析的身體，再也不能成為一個有機的、擁有不同功能的整體。這種最基本的特質，當我們說到這個人的情感和思想 —— 也就是他所有的個性時，就變成了我們所說的性格。一個人如果有了性格，就能夠變得堅定不移，就能夠忠於自己的諾言、信念和情感。

　　這些持久性的不同表現的總和，創造出了顯著的社會價值，也就是在工作中做到了堅持不懈。

　　墮落的人在產生犯罪的念頭、背叛自己一貫堅持的感情、不再遵守自己的諾言、拋棄能夠讓他變成高尚之人的信仰以前，都會展現出一種墮落、迷失的特徵，也就是懶惰、無法堅持長期工作。誠實的人、禮貌得體的人大腦開始變得不正常，在表現出暴力衝動、行為失常，或是進入昏迷以前，也會有兆頭 —— 無法再做其他任何工作。人們都覺得女孩勤勞就可以成為賢妻良母，一個好工人肯定老實忠厚，能讓自己的妻子過上更好的生活。這樣的「好」並不是一種特別的能力，而是不屈不撓、持之以恆。舉例來說，一個蹩腳藝術家倘若只是在製作小工藝品上擁有高超的技藝，但是卻不具備堅持工作的意志，那人們也不會覺得他是一個多麼了不起的人。大家都明白，他不但無法光耀門楣，而且還可

能會變成一個令人生疑的危險分子，他或許會變成一個不合格的丈夫、父親，甚至變成危害社會的罪犯。反過來說，一個懷著謙卑、虔誠之心去工作的手工業者，卻能夠創造出寧靜、幸福的生活。毋庸置疑，這便是羅馬頌詞中所說的「她關上門不出屋子紡羊毛」的真正含義。也可以這麼說，她是一位個性很強的女子，是一位配得上世界的征服者的女子。

在展開第一次帶有建設性的精神生活的練習時，兒童可以在自己的工作中展現出持久性，透過這樣的練習，他能夠建立起自身內部的一種秩序和平衡，讓自己的個性獲得成長，就像成年人一樣，堅持不懈的認真工作，展現出了自己在社會上的價值。很顯然，他正在讓自己變成一個矢志不移的人，一個個性鮮明的人，一個具備人類全部優秀品行的人。他追求的是人類那種最獨特、最基本的特質 —— 持之以恆。只要他能夠做到這一點，那麼他無論做什麼工作都是一樣的。因為真正有價值的並非工作本身 —— 工作只是一種方法，用來培養和豐富人的內心世界。

中斷孩子正在進行的工作而讓他去做事先已經決定的事情，覺得對孩子修養重要的科目是地理而非算術，然後讓孩子學習地理而不讓他學算術，這樣的人弄混了自己的目的和方法，他們為了自己的虛榮而阻斷了孩子的發展。所以說，一個人的文化是不需要引導的，這個人本身才是需要引導的。

透過讓孩子自己做決定來培養他的意志力

　　如果持之以恆是培養意志力的真正基礎，那麼我們就應該明白，決定行動才是最重要的。要想完成一項有意識的行為活動，就一定要做出最終的決定。而最終的決定一直都是選擇之後的結果。比如說，我們有很多頂帽子，在出門的時候就要決定戴哪一頂，不管是黑色還是灰色，這一點並不重要，重要的是我們一定得選出一頂。在進行選擇的時候，我們就產生了動機，不管這種動機是喜歡黑色還是灰色，當某種動機最終占據上風的時候，我們便做出了選擇。很明顯，戴帽子、出門等等都是需要我們做出選擇的事情，我們幾乎無法意識到哪一種動機會在我們的心裡發揮作用，但是這樣的問題並不值得傷腦筋，上午出門應該戴什麼樣的帽子、下午應該戴什麼樣的、去看戲應該戴什麼樣的、做運動的時候應該戴什麼樣的，我們擁有這方面的知識，所以也不會因此而大費周章。

　　不過，假如我們想花錢買禮物的話，那就是完全不一樣的情況了。貨架上的物品令人眼花繚亂，到底買哪一個才好呢？假如我們了解得不是很清楚，就會產生焦慮的感覺；如果我們想購買藝術品，可對藝術又不是特別了解，那麼也會害怕受騙，或是會出洋相。我們不確定是選擇一條絲巾合

適，還是選擇一個銀質的碗更好，每當這個時候我們便會想要尋求別人的幫助，因此我們便去找別人幫忙。可是，我們不必非要採納他人的建議。其實，建議的作用應該是讓我們的思路變得更加清晰。我們需要讓知識來協助我們，而非讓其他人幫助自己做出選擇。每個人都有自己的意志，這與做出正確決定需要具備一定的知識並非同一回事。在聽過他人的建議之後，我們所做的選擇仍然帶有自身的印記，因為這是我們自己所做的決定。

同樣道理，一位家庭主婦在選擇用什麼樣的晚餐來招待客人的時候，她的經驗其實是最豐富的，她的品味也是最高的，所以她能夠非常愉快的做出決定，而無須尋求另外的幫助。

不過，每個人都清楚，不管在什麼樣的情況下，做出什麼樣的決定，都屬於腦力勞動，需要付出真正的思考。所以體質虛弱的人會盡量避免去做決定，對他們而言，這樣的事情是十分討厭的。假如可能的話，女主人會讓廚師來做這樣的決定。而對於一個服裝師而言，在什麼樣的場合選擇什麼樣的服裝才是需要考慮的，所以服裝師一定要三思而行。如果他對一位女士說：「這件衣服對您來說比較合適。」而這位女士也點頭表示同意，那麼與其說是這件衣服讓她感到滿意，倒不如說是因為她無須做決定而感到滿意。人的一生其

實就是一個不斷進行選擇的過程。每次我們走出家門之後再鎖好，只有清楚的記著將門鎖好，並且確定萬無一失之後，才會放心離開。

在類似的練習過程中，我們會變得越來越強壯，也越來越能夠擺脫對別人的依賴。思維清晰、擅長做決定可以讓我們感到自由。將我們當成奴隸一樣鎖起來的沉重鐵鍊，其實就是沒有自己做決定的能力，總是把希望寄託在別人身上。畏懼「犯錯誤」、畏懼在黑夜裡摸索、畏懼造成或承擔未知的錯誤和結果，所有這些畏懼都讓我們如同一隻拴了狗鏈的小狗，只能跟在別人的屁股後面，最終只能陷進依賴他人的泥潭之中。假如沒有人幫我們拿主意的話，是不是連一封信都不會往外發，連一條手帕都買不到了呢？

倘若思想上的矛盾真的存在，卻需要馬上做出決定的時候，那麼薄弱一些的意志必然會屈服於堅強一些的意志，懦弱的人會變得猶豫不決。我們會發現他在毫無察覺的情況下被惡夢般的屈服所糾纏，此時的他已然向可以為自己帶來毀滅性災難的深淵踏出了第一步。一個年輕人越是習慣於處在屈從地位，從來不推展任何與意志力培養有關的鍛鍊，就越是容易變成這個充滿了危機的世界的犧牲品。

鼓起勇氣進行抗爭並非幻想，而是在鍛鍊自己的意志力。這樣的鍛鍊在生活中比比皆是，一位整天被家務事纏

身、不管什麼事都習慣了自己拿主意的已婚已育的家庭婦女，就比那些還沒有生孩子、整天閒著沒事做、只是慵懶的打發時間、習慣了服從丈夫意志的女人更有主見，她們不會在做決定的時候猶豫不決。不過她們兩個或許有著同樣的夢想。舉例來說，假如前者丈夫去世變成了寡婦，或許她就會讓自己慢慢精通各項業務，以便繼承丈夫留下的事業；可是如果後者的丈夫也去世了，成為寡婦的她或許就會尋求另外的保護，那樣她或許會為自己招來災難。為了確保自己能夠獲得精神上的安慰，最重要的一點就是要能夠獨立，不要依賴別人，因為在最緊要的關頭，我們通常都是處在孤立無援的境地，而且也無法馬上得到幫助。那些明白自己應該奮鬥的人會依靠自身的力量和技巧來展開拳擊與決鬥的訓練。他們絕對不會只是雙手抱在胸前，一動不動的在那裡坐著，因為他們明白如果那麼做的話，自己就會被對手打倒，要麼就站起來主動進行防衛，在一個人的一生中，如果像影子似的總是被其他人步步緊跟，以便接受來自現實的保護，那根本就是不現實的。

但丁在《神曲‧地獄篇》中借法蘭西斯卡之口說道：「我們只需要一瞬間就能夠被征服。」

假如目的並非是為了征服，那麼誘惑就必定不會像一枚炸彈一樣投向另一枚即將導致心理崩潰的炸彈，而是會向那

些固若金湯的城牆投去。持之以恆的工作、條理清晰的想法、有意識的主動對各種想法進行整理的習慣，就連最細枝末節的日常生活行為——每一次對最不值一提的小事所做的決定、對某個人行為的慢慢控制、在循環往復的行為中慢慢增強自我控制的能力，以上這些，都可以作為建構自身個性所值得依賴的最為扎實的基礎。這樣的話，道德就會像一個常年居住在中世紀城堡裡的公主一樣，在這個城堡定居，這裡有著極為森嚴的戒備，能夠長期留住這位「女士」。倘若要「建造」一座供道德長期定居的「房子」，那就必須能夠控制自己的身體，比如不酗酒，這是令人無緣無故遭受毒害、走向衰弱最主要的證明。再比如去戶外活動，這樣的活動可以幫助人們恢復體力，讓人們從自制的使自己變得更加衰弱的毒害中獲得解脫。在此我們能夠發現，我們一定要時常鍛鍊和培養自己的意志力，並且透過一些靈活的方式來讓我們的心理健康得到回復，這才是最重要的。

當孩子們經過對自身推展教育，先是在內心進行了一系列複雜的比較和判斷，然後才付諸行動，並透過這樣做獲得了條理清晰的思維，這個過程其實就是一個培養意志力的過程。這是一種「知識」，能夠讓孩子們學會自己做主，而不再依賴別人的意見才做出選擇。從此之後，他們就能夠在日常生活中做出各式各樣的決定，他們可以決定自己到底拿還是

不拿某樣東西，也可以決定自己是否應該隨著音樂的節奏翩翩起舞，當他們想要保持沉默的時候，可以控制住一切衝動而不去運動。這種持之以恆的建構他們自身個性的努力都是先做了決定然後才付諸行動的，這就代替了最初那種紊亂的狀態——最初，一切行動的結果都是由於衝動造成的。這個時候，一個生命會很自然的誕生，並且慢慢發育長大，與此同時，疑慮、迷茫和畏懼也一起慢慢的失去了蹤跡。

假如秩序性和條理性沒能在孩子的內心得到成長，而是透過混亂的思維方式比如背誦課文來阻止他們的發展，不讓孩子們學會如何自己做決定的話，那麼根本就不可能培養和發展出這樣的意志力。使用這種方式教育孩子的教師也許會為自己辯解：「孩子們本來就不應該擁有屬於自己的意志」。他們在教育孩子的時候從來就不會發生「我想要……」這樣的事情。事實上，他們這樣做就阻止了孩子發展自己的初期意志。在這樣的情況下，孩子們察覺出有一種力量正在控制他們的行為，然後他們因此慢慢變得膽怯，如果沒有人可以依賴，沒有人幫助或是同意，他們就失去了擔當任何責任的勇氣。「你知道櫻桃是什麼顏色的嗎？」有位女士曾經故意向一個原本就知道櫻桃是什麼顏色的孩子這樣問道，但這個孩子因為膽小、緊張，猶豫著不知道該怎麼回答，最後他只能囁嚅道：「我得去問問我的老師。」

　　為做出決定而準備的意志機能是一種重要機能，而且它本身便具有極高的價值，同時也需要被建立和不斷增強。病理學向我們說明了它與意志的其他因素的區別，並將它視為支柱 —— 用以支撐人格。人們所說的「懷疑癖」是心理病態繼續惡化以後發展成的最為常見的一類疾病，這種疾病讓患者無法自制的想要去做一些不符合道德的事情或是危害他人的行為。不過也許的確有這樣一種懷疑癖，患上這種病以後就沒有任何能力去做出決定，而且還會為自己帶來一連串的痛苦，雖然它不會產生道德上的偏差，甚至可能就是由於良心難安才得病。在一座專治神經錯亂疾病的醫院，我曾經親自接觸過一個因為道德方面的問題而得病的典型病例，這個患者平時靠撿垃圾討生活，他一直擔心垃圾裡面會掉出什麼值錢的東西來，而他則會因為偷了這些東西而被抓起來。所以，這個可憐的人每次撿完垃圾以後，還要走到每層樓的住戶門前挨家挨戶詢問他們是否在垃圾桶扔了什麼值錢的東西。直到確定後再離開，但不久他會又一次回來，再次挨家挨戶的敲門、詢問一遍，就這樣不斷重複。當他感到絕望的時候，他開始向醫生尋求幫助，諮詢有沒有什麼方法能夠堅定他的意志力。我們一遍又一遍的對他說，垃圾裡的東西都不值錢，他大可以放心的去撿垃圾。聽完之後，他的眼睛裡閃爍著希望的光亮，「總算能夠放心了」他不斷重複著這句話

出去了，可是沒過多久他又回來了。「我真的能夠放心的去撿垃圾了嗎？」我們又一次對他說：「真的，你完全可以放心的去撿垃圾了。」然後他的妻子就帶著他走了。但我們卻發現他站在大街上，跟妻子不斷拉扯著，隨後再次焦慮不安的回到診療室門口，問道：「真的嗎？真的能放心了嗎？」

正常人的頭腦中不也經常隱藏著類似的懷疑癖嗎？比如說，有個人要出門，他鎖好門，然後又把鎖搖了搖，但是他還沒有走幾步，就開始懷疑起來：門鎖好了嗎？他明明知道自己已經鎖了門，還清楚的記得自己搖了搖鎖頭，但仍然有一種無法遏止的衝動強迫他回到門口去確認一下是否真的鎖好門了。還有些孩子在上床睡覺前，非要去看看床底下有沒有貓一類的動物。他們沒有看到任何東西，心裡也知道床下不會有任何東西。但是過了一會以後，他們還是會再一次爬起來向床下張望。這樣的癖就如同淋巴腺裡的結核桿菌一樣在身體各處蔓延，讓整個身體都變得十分虛弱，但這樣的危害卻可以掩飾，就如同蒼白的臉色能夠用胭脂暫時掩飾一樣，不被別人發現，也不會引起任何的憂慮和不安。

假如我們覺得一個人的意志必然能夠透過身體各方面的動作表現出來，那我們就要明白一點：為了鍛鍊自己的意志力，透過身體各部分的機能進行意志力方面的練習是很有必要的。

意志力的形成、人體的生理結構、塊狀肌肉的協調運

動，在這三者之間存在著令人吃驚的相似的地方。為了培養
行為的準確性，練習是很有必要的。我們都明白，假如沒有
練習基本功，我們就跳不了舞，如果沒有手指的練習，我們
就彈不了鋼琴。但是在進行這些練習以前，處於嬰兒階段的
時候，便應該做一些最基本的練習，以便讓自己動作協調，
例如走路和理解能力。可是，我們並未完全弄清楚類似的有
步驟的準備性練習是否有利於意志的培養。

　　儘管肌肉的生理功能比較單純，但並不是所有肌肉群都
會透過相同的方式進行運動，其實會採用兩種完全不同的方
式。比如說，有的肌肉是專門用於伸手臂的，有的則用於把
手臂收回來，有的用於身體下蹲，有的則用於讓身體站起
來。換言之，這些動作基本都是互相對應的。我們身體所做
出的每一個動作，都是肌肉對抗、合作產生的結果。人體在
運動的時候，一會是這組肌肉，一會是另外一組肌肉在進行
合作並發揮作用。透過這樣的合作，人體能夠完成形形色色
令人驚嘆的動作，孔武有力、優雅大方、柔韌舒展。正是由
於這些原因，才能讓身體不僅保持著高雅的姿態，而且還可
以做出與音樂、旋律相配合的各種動作。

　　為了讓這種因肌肉對抗形成的動作變得更加熟練，就一
定要多進行這方面的練習。誠然，我們可以練習這些動作，
但是只有在動作變得自然、協調之後才能開始進行訓練。之

後，我們就能針對體育、舞蹈等進行特殊動作的訓練，假如練習者想讓自己的動作變得更加協調，那麼不管這個動作是充滿力量，還是優雅大方，又或者是敏捷靈活，他都一定要不間斷的重複進行這些動作的練習。這時，意志自然會發揮作用，執行這項意志的人希望自己可以從事舞蹈、運動、武術甚至是參加比賽等等。可是，為了能夠實現這個願望，他需要進行不間斷的練習，只有這樣，才能讓他的意志所依賴的每一個器官做好相關準備，這些器官也才能執行意志發出的每一項指令。運動，不管是在肌肉協調以後做出的第一個動作，還是經過設計要做出新的動作技巧，都會受到意志的支配。簡單來說，意志就像一位指揮員，正在以主動的姿態指揮著一支紀律嚴明、技術高超、裝備精良的部隊。而隨著身體肌肉進一步的完善，這種支持意志力量的條件也得到了進一步的增強。

為了讓孩子具備一種自發的能動性，所有的人都不可能讓孩子們保持完全的靜止 —— 用膠水把他們的四肢牢牢黏住，讓肌肉逐漸萎縮，最終變成癱瘓。隨後，再跟他們講一些與雜技演員、小丑、摔跤運動員、拳擊冠軍的故事，以此來激起他們內心強烈的模仿願望。不過很明顯，這是一種荒唐的，令人感到難以置信的行為。

可是，在培養孩子意志力的時候，我們的確是在做著類

似的事情。我們總是想要消滅它，也可以說是「扼殺」，目的是阻止與意志相關的各種因素的全面發展。我們一直都在透過自己的意志讓孩子們不要去做任何事情，或是讓他們按照我們的想法來行動，我們代替他們做出了抉擇和決定。之後，我們還會用下面這種話，語重心長的教導他們：「意志即行動。」我們又替這種脫離現實的幻想披上了英雄人物與意志強大的巨人等寓言故事的外衣，自以為孩子們只要能夠牢牢記住這些寓言故事，自然就能夠讓產生激烈的競爭意識，就能夠創造出奇蹟。

在我上小學一年級的時候，有一位老師十分喜歡我們這些學生，當然，她讓我們全都紋絲不動的在座位上坐著，儘管當時她的臉色蒼白，看上去很是疲憊，但她仍然口若懸河的為我們講著課。她有一個非常頑固的想法——為了激起我們的模仿欲望，她讓我們將所有的名人事蹟全都牢牢的記在了心裡，特別是一些「女英雄」。她讓我們閱讀了大量的人物傳記，目的是讓學生們明白怎樣才能出人頭地，讓學生們相信成為女英雄並不是一件難事，因為世界上有很多的女英雄。但事實上所有這些傳記都在講一個相同的觀點：「你也要努力的去出人頭地，莫非你不願意出名？」「啊，不！」直到有一天，我直接回答道：「我不再想著出名了。我更加關注孩子的未來，這種關心超過了一切，我再也不會看這些傳記了！」

不要讓孩子的意志受到削弱

在上一屆教育心理國際會議上，來自全世界各個國家和地區的教育家們全都悲嘆不已，他們認為如今的年輕人缺少個性，甚至極大的威脅到了人類這個種族。可事實上，並不是人類沒有個性，而是學習讓他們的身體受到了摧殘，讓他們的意志受到了削弱。所以，我們此刻需要去做的，就是讓他們自由的行動，只有這樣，人類的潛力才能獲得真正的發展。

還有一個更高層次的問題 —— 怎樣利用我們那已經培養出來的堅強的意志，這個問題建立在一個基礎上，就是意志已經在人們的內心扎根，並且可以茁壯的成長。我們時常會用這樣一個例子來教育自己的孩子，使他們崇拜擁有堅強意志的人，那就是維托里奧·阿爾菲耶里。他直到晚年的時候才開始自學，並且靠著極為堅強的毅力克服了基礎學習階段的單調和乏味。最終他成為那個年代的一位非常有名的人，後來他又開始了拉丁語的學習，並且變成了一位文學家，他靠著自己的執著和熱情，成了一位偉大的詩人。他說過這樣一句話，讓我們明白他是怎樣通向成功的，這句話也成了義大利教師們時不時引用的一句很有名的話：「我堅持，連續的堅持，盡所有的力量去堅持！」

　　在下定最後的決心之前，維托里奧·阿爾菲耶里還只是別人的一個玩物——他愛上了社交圈子裡一位任性的貴婦。後來，他覺得，假如自己繼續做愛情的俘虜，一定會讓自己毀掉。於是他的內心產生了一種衝動，激勵他去提升自己，他覺得自己能夠成為一位偉大的人物，全身都充滿了用不完的力量。只是這些力量尚未被激發出來。他非常想將這些力量激發出來並充分的利用它們，並將自己的餘生全都交給它們。可是，那位貴婦一封飄散著香氣的情書又吸引他回到了戲院的包廂，兩個人廝混在一起。這位貴婦的魅力戰勝了他原本應該堅定無比的抵禦這種誘惑的意志力。等到在戲院包廂看那些無聊至極的歌劇時，他又開始感到異常的憤怒和痛苦，這甚至讓他憎恨起身邊那位迷人的貴婦來。

　　他決意馬上行動起來——先是在自己和她之間樹立一道無法逾越的障礙——剪斷了代表自己貴族出身的粗髮辮，這樣他就沒臉出去見人。隨後，他又用繩子將自己綁在椅子上，想要專心看書，就這樣過了好幾天，他卻一個字都沒有看進去。儘管他十分想去找那位心上人，可是由於無法移動，而且也不能以當時的形象出門，他只好繼續在家裡待著。

　　就是靠著這樣的方法，他才「堅持，連續的堅持，盡所有的力量去堅持」，最終讓自己的內心獲得了自由發展。就

是靠著這樣的方法，他才把自己從一事無成和沉淪毀滅的深淵中解救出來，成為一位流芳後世的偉大人物。

透過培養孩子們的意志力，我們想要為孩子們帶去一些相同的東西。希望孩子們學會如何從虛榮心裡面來讓自己獲得救贖，希望孩子們能夠專注於工作，讓自己的內心變得充實，同時引導自己勇敢的承擔一切，希望他們能夠為了自己的永恆而奮鬥。

因為對孩子充滿了愛的希望，所以我們會盡最大的努力去保護他們，可是孩子們難道不具備自我拯救的能力嗎？他們將自己的全身心都投入到對我們的愛之中，緊緊追隨我們，其實他們身上已經具有了一種可以控制內心生活的力量──自我發展。正是這種力量引導著孩子們為了了解所有的事物而用手去觸摸它們，但我們卻對他們說：「不要碰那些東西。」他們四處活動是為了鍛鍊自己的平衡能力，但我們卻對他們說：「站著別動。」他們總是透過向我們提問題來獲得更多知識，但我們卻對他們回答道：「別這麼煩人。」我們將他們放到自己身邊，約束他們，讓他們服從命令，向他們提供一些毫無趣味的玩具，就如同阿爾菲耶里置身於戲院包廂時那樣。他或許會這樣想：「我如此愛她，但為什麼她要毀了我？我為什麼要因為她的任性而痛苦？這種任性已經阻礙了我的心智發展，讓我做了很多沒有意義的事情，難道僅僅

由於我對她的愛？」

所以，為了讓自己獲得拯救，孩子們一定要像維托里奧‧阿爾菲耶里那樣擁有強大的內心，但是很多情況下他們卻並不具備這一點。

我們尚未察覺孩子已經變成了犧牲品，尚未發覺毀掉孩子們的人正是我們自己。我們用玩具汽車來引誘他們，用強硬的力量去命令他們，讓他們做自己不想做的事情。我們盼望著他們長大，卻又不讓他們長大。

或許很多人在讀過維托里奧‧阿爾菲耶里的事蹟之後會這樣想——可以把更多的希望寄託在孩子身上。這些人會希望自己的孩子在無須設置外部障礙的情況下，比如剪斷髮辮、將自己綁在椅子上等，就可以抵制各種誘惑。他們希望自己的孩子只透過精神上的力量便抵制各種誘惑。就如同某位偉大的詩人，他一邊讚頌羅馬時代盧克麗霞[11]，一邊指責她的自殺行為。假如她具有更多的優秀品格的話，她便會因

11　盧克麗霞（Lucretia，約西元前 510 年去世），古羅馬貴婦，她被伊特魯里亞國王的兒子塞斯圖斯‧塔奎尼烏斯（塔克文）（Sextus Tarquinius）強姦，引發了推翻羅馬君主制的叛亂，並導致羅馬政府從一個王國過渡到一個共和國。當代沒有記載她的資訊的資料。關於盧克麗霞的的強姦和自殺，以及羅馬共和國的開始，來自後來羅馬歷史學家蒂托‧李維（Titus Livius）和希臘‑羅馬歷史學家哈利卡納蘇斯的戴奧尼修斯（Dionysius of Halicarnassus）的記述。這件事激起了人們對羅馬末代國王盧修斯‧塔克文‧蘇佩布（Lucius Tarquinius Superbus）暴虐行徑的不滿。結果，顯赫的家族建立了共和國，將塔克文的龐大皇室趕出羅馬，並成功的捍衛了共和國，抵禦伊特魯里亞和拉丁的干涉。由於其純粹的影響，強姦本身成為歐洲藝術和文學的一個主要主題。女子貞潔的榜樣，一位寧死也不願遭受屈辱的女人。

為對自己犯下了如此暴行痛苦而死。

　　一位內心懷著美好期盼的父親，絕對不會為了讓自己的孩子心智更加健全和不斷進步，而思考自己曾經做過什麼。他很有可能是那一類毀滅孩子的意志、讓孩子完全服從自己意志的人。世界上不會有哪位父親能夠想到這樣的高度，這樣的想法只能從深深潛藏於他內心的神祕聲音從沉默中發出吶喊的聲音，這個聲音十分刺耳，因為它打破了自然的法則，破壞了平靜和自由，假如這個聲音不存在，那麼一切都是徒勞。

　　據說，有一位牧師曾經向德蕾莎修女[12]推薦了一位年輕的女孩，她非常願意加入加爾默羅會成為白衣修女。這位牧師認為那個女孩的品格就像天使一樣純潔美好。德蕾莎修女讓這個女孩留了下來，並且說道：「主啊，上帝賜予了她虔誠的心，卻沒有讓她擁有判斷的能力，可是她已經再也不能擁有了，她永遠都會成為我們的負擔。」

　　當代一位最受人尊敬的神學家在深入分析了聖女貞德

12　德蕾莎修女（Mater Teresia，1910～1997年），阿爾巴尼亞裔印度籍籍羅馬天主教修女及傳教士，生於時屬鄂圖曼帝國科索沃省的史高比耶（今北馬其頓共和國首都）。在馬其頓生活近十八年後，德蕾莎遷往愛爾蘭，後遷往印度，並於印度度過其半生。1950年德蕾莎創立羅馬天主教仁愛傳教會，為患愛滋病、麻風和結核者提供居所，營運粥廠、藥房、診所、兒童及家庭諮詢機構、孤兒院及學校。傳教會成員必須貞潔、貧窮及服從三誓願，以及第四個誓願「全心主意為最貧苦的人服務」。2012年這一機構在全球133個國家活動，修女數目超過4,500人。1979年德蕾莎獲諾貝爾和平獎。

(Jeanne d'Arc）的性格之後，針對她是「上帝意志的工具」這一說法，說道：「別再欺騙自己，也別再欺騙別人了。聖女貞德並非盲目、被動的接受某種神祕力量支配的工具，作為法蘭西解放運動的領導者，她完全可以控制自己的人格，這一點從她獨自做出正確的決定並將其付諸行動就可以得到證明。」

我堅持認為，身為教育工作者，最主要的任務就是對兒童的能力進行保護和指導，還要在不阻礙他們發展的前提下進行。與他們的內心世界進行接觸，對他們的一生來說，具有非常重要的意義，因為只有這樣，他們才能健康、茁壯成長。

第七章
愛的智慧

第七章　愛的智慧

　　孩子的愛，其實是非常簡單的。他之所以會愛，或許是由於他想獲得身體感官上的印象，並且想要讓這些感官印象不停的加深。這種愛其實並不是一種原因，而是一種結果。它猶如太陽系中的一顆行星，獲取了太陽發出的光芒。每當人們根據自然規律去做每一項工作，並且在生活裡營造融洽的氛圍時，就會有一種被愛的感受。或許我們應該說，這就是一個人身心保持健康的一種象徵。這種愛能夠成為一種動力、一種本能，就像人類生命中的創造力一樣，能夠在創造的過程中形成愛。孩子心裡是充滿愛的，而且他也會受到這種愛的感染。

　　處在童年敏感期的孩子，會對周遭的物體有一種不可抑制的衝動。事實上，這種衝動是源於他對所在環境的一種愛。這種愛其實不只是情感上的回饋，也是智力發展的需求，它可以促進孩子更多的去看、去聽，從而不停的成長。孩子們一定要遵從這種自然的需求，但丁把這種需求稱為「愛的智慧」。

　　恰恰是愛讓孩子們能夠用一種靈敏和熱忱去觀察周圍環境的特性。這對成年人來講也是非常重要的，況且他們還缺少童年的活力。難道愛不能讓我們對他人尚未發現的事物有一種敏感性嗎？難道愛不能提醒我們他人尚不了解的細節和特徵嗎？正是由於孩子熱愛他們所處的環境，沒有對它視

而不見，所以他們才可以注意到一些成年人已經熟視無睹的事情。

孩子熱愛自己所處的環境，這在成年人眼中只不過是孩子與生俱來的樂趣和生機，然而成年人並沒有意識到，這種熱愛其實是一種精神層面上的能力，它可以創造美好的心靈。

孩子們熱愛的一個特殊的對象就是成年人。他們會從成年人那裡獲得他想要的需求與支持，並且迫切的探尋自身發展所需要的事物。對孩子來講，成年人是值得尊重的。在孩子們看來，成年人的嘴巴好像是個噴泉，自己可以從中不停的學習、掌握語言和詞彙。

成年人透過自己的舉動向孩子展現了人類的行為舉止。而孩子們也恰恰是效仿他所接觸到的成年人，然後才學會應該怎樣生活。成年人的一舉一動都在吸引著孩子的目光，並讓他們為此而著迷。兒童對於成年人是相當敏感的，甚至可以說成年人在某種意義上是可以支配兒童的生活的。讓我們來回想一下孩子將鞋子放置在床單上的經過，他的行為不僅表現了單純的服從性，同時也展現了暗示對於他的影響。一個成年人對孩子所說的話，就好比是刻刀鐫刻在大理石上面的字，它會深深的印在兒童的腦海裡。直到現在我們仍然能夠想起，當那位母親拿到裝著手帕與喇叭的包裹時，她的小

女兒表現出來的樣子。既然兒童如此渴望學習，而且還如此熱愛周遭的事物，成年人理應認真思考自己在孩子面前說的任何話語。兒童願意服從成年人的話，可是如果成年人讓孩子放棄有利於他成長的本能時，他依舊會反抗。假如成年人為了自身利益從而迫使兒童做出捨棄，那麼這就好比在孩子乳牙生長的階段，想要阻止乳牙正常生長一樣。如果孩子發脾氣或者反抗，這僅僅是因為他們想要表現出自己對於創作的渴望，然而他所尊敬的師長卻對此置之不理，因此兒童與成年人之間出現了嚴重的衝突。假如孩子不聽話或者發脾氣，成年人應當預先想到這樣的衝突，並且要將其當作孩子成長過程中必然會發生的事件，因為它是兒童在無意識的情況下實施自我保護的一種行為。

我們應當謹記，孩子愛我們並且願意服從我們，孩子對我們的愛超過了所有的一切。可是反過來，我們也時常聽到這樣的話：「這些家長到底有多麼愛自己的孩子？」又或者是「這些老師到底有多麼愛自己的學生？」

當然，我們也會教育孩子去愛自己的爸爸媽媽、去愛自己的老師以及更多有所作為的人，甚至是愛植物、動物和整個大自然。然而，到底是誰在教孩子愛所有的一切呢？到底是誰在教他們如何去愛呢？莫非是那些將自己兒女所有的表現都視為發脾氣，而且只會考慮自身利益的成年人嗎？這種

人根本沒有辦法去教一個人怎樣去愛，這是由於這樣的人並不具備「愛的智慧」的敏銳性。

　　事實上，孩子一直都愛著成年人。他們需要成年人守在自己身旁，並且會很興奮的去吸引成年人對他的注視，似乎在說：「看著我！跟我待在一起！」

　　夜裡，每當成年人想要睡覺的時候，孩子總是會呼喚他們，這是由於孩子們愛自己的父母，不想和他們分開。還有每當我們準備去吃飯的時候，正在被母親餵奶的嬰兒也會跟著一起去，他並非是想去吃飯，僅僅是由於他想待在母親身邊。父母往往沒有意識到孩子對他們這般深沉的愛。然而成年人應當記住，孩子在幼年期間會對我們產生這樣深沉的愛，但是這種愛會隨著他長大而消失。等到那時，又有誰會像這個時候的這個孩子一樣這麼愛我們呢？又有誰會在晚上睡覺之前呼喚我們，並且深情滿滿的對我們說：「請不要離開，陪著我好嗎？」相反，長大後，他僅僅會對我們輕描淡寫的說一句「晚安」。

　　每當我們去吃飯的時候，還有誰能夠只是因為想要看著我們，就急切無比的渴望與我們待在一起呢？可是我們卻由於不願意承受這樣的愛而處處設防，我們應當認識到一件事 —— 自己以後再也無法找到另外一種相同的愛了。我們有時甚至會滔滔不絕的說：「我沒有時間！我不可以！我非常

忙！」但是在我們內心深處卻是這樣認為的：「我一定要改變他們，否則的話，我終究會變成孩子的奴隸。」我們想要掙脫孩子們的糾纏，覺得這樣就能去做自己喜歡的事，假如能夠將他們擺脫掉，我們就不會再有任何的障礙了。

清早，孩子會去叫醒他們的父母，這種行為對於大人來說是非常令他們討厭的。但假如沒有這樣的愛，那麼還有什麼其他的原因能夠讓一個剛剛醒來的孩子立刻動身去尋找自己的父母呢？清晨的時候，兒童從自己的床上爬起來以後，會在第一時間來到仍在睡覺的父母跟前，似乎想說：「勤勞一點吧，外面天都已經亮了，都清晨了！」不過，孩子來到他父母面前，並不是想跟父母說這些話，也不是想來教育他們，他們只是想看一眼自己所愛的人。

或許這時父母的臥室依舊是暗的，門也是緊閉的，因為這樣便不會被黎明的光線影響睡眠。兒童走到床邊並且會觸碰他的父母，父母卻會埋怨說：「我們都已經跟你說過很多次了，不要一大清早就把我們叫醒！」兒童卻是如此回答的：「我不是想叫醒你們，我僅僅是想親吻你們一下。」事實上他心裡想說：「我並非是想要從睡夢中把你們叫醒，我僅僅是想過來看看你們而已。」

是的，兒童的愛是極其重要的。因為父母已經對所有事物都變得很冷漠，所以他們這時需要出現一個新人去叫醒他

們，用他們早已喪失的朝氣和生氣來再一次激發他們。父母同樣需要一個在行動上與他們不相同的人，每天清早，這個人要對他們講：「新的生活開始了！學會更好的生活！」

是的，學會更好的生活！學會感覺愛的氣息！

如果沒有孩子來幫助成年人的話，他們就會變得頹廢。假如成年人不去努力超越自我的話，他的思想便會慢慢長出硬繭，直至變得不近人情。這讓我們記起上帝最終的審判，當耶穌面對那些令人生厭的人時，即那些在世間從未想過使用任何辦法來改變自身的人，就責問這些人講：「你們離我遠一點，你們這些令人厭惡的人，我有病時，你們從來不會照看我。」

然而他們卻會這樣講：「可是，主啊！我們沒有看見你生病了啊！」耶穌：「任何時候，你們看見的窮困或生病的人都是我。給我離開，你們這些令人厭惡的人，當我身陷監獄時，你們從來沒有看過我。」他們：「可是，主啊！你在什麼時候又身陷監獄了呢？」耶穌：「任何身陷監獄的人都是我。」《福音書》上這非常具有戲劇性的一幕證實了一個事實：成年人應當慰藉那些耶穌的化身，即那些窮困的、被責難的和正在吃苦的人。假如我們將這個令人心潮澎湃的場面放在兒童的身上，那麼將會發現，耶穌好像也是兒童的化身。

耶穌：「我愛你們。清晨我叫醒你們，你們回絕了我！」

他們：「可是，主啊！你清晨什麼時候來叫醒我們了，並且我們還回絕了你呢？」耶穌：「當你們的孩子來叫醒你們的時候，他就是我。當他乞求你們不要與他分開時，他就是我！」

　　無知的人！那是耶穌來叫醒我們，並且教會我們愛！然而我們卻覺得，這只是兒童的頑皮，因而失去了我們的愛心。

第八章
兒童的心理和身體健康

第八章　兒童的心理和身體健康

　　心理偏離正軌將會引發各式各樣的情況，它會妨礙身體機能的正常運行，然而其中有一些機能看上去似乎與它並不相關。現代醫學研究證明，心理失衡是可以引發身體某些疾病的。以至於某些本應該僅與身體狀態緊密相連的缺陷，最後也證實是由於心理問題引發的。比如消化不良，這種病在孩子們身上非常普遍。健康的孩子無法控制自身的食欲，因為他們早已吃了過量的食物。縱然他們會為此生病並且還會到醫院診治，但是他們無法滿足的食欲仍舊會被看成是「良好的食欲」。

　　從古老的時候開始，貪吃就已經是一種陋習，它帶來的弊端已經遠超它帶來的優點。貪吃造成了人們正常敏銳性的退化，這種敏銳性能夠增進人的食欲，同時也能夠約束人的食欲。任何動物都擁有這種敏銳性，這種自我保護的本能決定著牠們的健康。實際上，這種本能包含兩個方面。一方面和動物生存的環境有關係，它能夠指引動物躲避環境中的危險。另一方面和動物自身有關，這就關係到動物自身的進食。動物的本能可以督促牠們去吃應該吃的食物以及對牠們有益的食物。這是任何動物都具有的最明顯的特徵。無論動物的食量是大或是小，動物的本能一定會控制牠們攝入食物的量。

　　唯有人會有貪吃的陋習，貪吃會讓人們變得衝動，甚至吃下大量有害的食物。所以我們說，只要發生了心理偏離這

種狀況，人們就會喪失在健康情況下保護自身的敏銳性。我們能夠在心理偏離正軌的孩子身上找到充足的證據，以證明他們的飲食習慣會因此而很快出現失衡。這些孩子只要看到食物就會立刻被吸引住，而後只憑味覺來挑選食物。這種自身保護的能力，會逐漸減弱直至消逝。我們在學校會引導孩子不讓他的心理偏離正軌，這也是讓孩子恢復正常的方法之一，讓他們一直處在正常的狀況中，這樣就不會貪吃。他們將開始研究怎樣用正確姿勢吃飯。每當吃飯的時候，年齡較小的兒童會把時間全部花在鋪餐巾，如何使用刀、叉、匙上面，並認真研究正確的使用方法，抑或是幫助年齡更小的兒童。有時，他們對這種事情十分細心，甚至面前的食物變涼了他們都未曾發覺。那些未被選中幫忙的兒童會略顯不開心，因為他們也很想去幫忙，卻發現自己被安排了一項最容易的任務——吃飯。

　　兒童謙虛的態度，也能表示飲食和心理狀態間的關聯。兒童對食物經常表現出顯著的無法控制的厭惡感。很多兒童拒絕吃一切食物，他們拒絕得是如此堅定，這為家長和老師帶來了極大的難題。這種狀況在貧困、弱勢兒童的教育機構中，表現得尤其明顯。人們期望他們在吃飯的同時也可以吃飽。如果兒童對食物沒有興趣，那麼就會一直處在抵抗治療的狀態。不過，對進食的這種反感也不能跟因為沒有食欲

而導致身體失調的情況相混淆。兒童拒絕進食是源於他們的心理狀態。在一些情況下，這可能是兒童自我保護機制造成的。比如，一個成年人企圖讓孩子吃得快點，但孩子有自己的進食節奏，所以他拒絕接受成年人的節奏。兒科醫生現在已經確認了這個事實。醫生發現，兒童並不是想立即吃完自己想吃的食物，而是長時間不想吃食物。

　　嬰兒在斷奶前也會出現相同的狀況。他們在吃飽前會停止吮吸奶嘴，只是想休息一下，而後再緩慢、間歇的吮吸奶嘴。所以，兒童拒絕進食，或許是他自我保護的一種方法，也是對強迫他按成年人節奏進食的反對。可還有些情況與上述情況完全不同，我們一定要把它們區分開來，並且要單獨去找尋造成這些狀況的原因。這類兒童長時間缺少食欲，並且他們臉色蒼白，好像缺少呼吸新鮮空氣一樣，或許在陽光和海邊這樣的環境中可以治療他們對食物的習慣性抵抗。可根據進一步的調查，我們發現，在此類兒童身邊，都會存在一個他極其依賴的成年人，並且這個成年人可以全面支配這個兒童的行動。那麼只有一種方法能夠治療這類兒童，就是讓這個可支配他的成年人離開，同時向他提供一個可以自由發揮主動性的環境。

　　所有人心理和身體之間的關聯都是可以被發現的，比如進食，雖然看上去好像跟它無關。在《舊約全書》中，我們

能夠看到，以掃（Esau）只是因為貪吃就將自己的出生權交給他的兄弟，並無知的把自己最大的利益放棄了，確實應該把貪吃列為「擾亂心智」的罪行之中。聖多瑪斯・阿奎那[13]指出了貪吃和智力發展間的關聯。他始終覺得，貪吃會削弱人的判斷力，並讓人們無法正確認清現實。然而心理與判斷力的因果關係剛好與之相反，是因為心理紊亂引發了貪吃行為。

　　基督教將陋習和精神失調相連在了一起，並將它列入基本罪行之中，這是由於它不僅引發了心靈缺陷，還使心靈背離了人類的神祕法則。這個理論已經被心理學家間接證明了，即貪吃是自身保護能力衰減的表現之一。而現代科學用另一種方法也對它進行了解讀，並把這種方法命名為「死亡的本能」。由於人都有一種自然傾向，它可以幫助和促使死亡的自然來臨，以至於加速它就可以引起自殺行為。有很多人在絕望的時候可能會依賴酒精、鴉片和海洛因這類有害物品。他們並不想挽留或者挽救生命，而是嚮往死亡、期望死亡。所有這一切都能夠確切的顯示，這種可以保障人體的、緊要的內在敏銳性的消逝。假如這種傾向與無法避免的死亡有所關聯，那麼它一定會在動物的身上有所表現。可是我們沒能在動物身上找到任何的表現，這也證明，任何心理上的

13　聖多瑪斯・阿奎那（St. Thomas Aquinas，約西元 1225 ～ 1274 年），歐洲中世紀經院派哲學家和神學家。他是自然神學最早的提倡者之一，也是多瑪斯主義的創立者，成為天主教長期以來研究哲學的重要根據。代表作：《神學大全》。

偏離正軌都可以使人走向死亡,這是種恐怖的傾向,甚至早在童年階段,它就以一種難以發覺的狀態存在。

在疾病的背後,人們總會找到一些致病的心理因素,這是由於人身體和精神兩者之間的關係十分緊密。可是飲食的失調卻會導致疾病的出現。有時,人也許只是裝作生病的樣子,事實上這只是他假想出來的病,僅僅是心理作用而已。心理學家為解讀這種病做出了非常大的貢獻,他們指出,人或許只是想在疾病中尋找一種保護,這可以說是一種逃避。當人體溫度偏高或身體機能失調時,便會出現這種情況,並且有時候顯得格外嚴重。可這並不是真的生病,而是一種潛意識的心理紊亂造成了這種症狀,而且人的生理法則被成功的支配了。人可以憑藉這類疾病去擺脫讓自己不開心的處境或應盡的義務。這種疾病會抗拒一切治療,唯有當他逃離不開心的處境時,疾病的症狀才能消失。當孩子身處一個可以正常生活與自由活動的環境時,疾病和病態便像道德缺陷一樣,會自動消失。現在,許多兒科專家將我們學校當作「健康之家」。兒科專家會把患有功能性疾病以及抗拒治療的孩子送來學校,並且獲得了令人震驚的效果。

第九章
成年人與兒童的衝突

第九章　成年人與兒童的衝突

　　成年人與孩子的衝突所導致的後果，在很多情況下會無限擴張，這種情況就好比在平靜的湖泊裡扔石子所激起的漣漪一樣。就像透過觀察漣漪進而發現引發水紋波動的原理一樣，心理學家和醫生也可以追蹤造成身體和心理疾病的原因。當然在探究這種原因時，他們會經歷一個漫長的過程。就像最早的尼羅河探險家，他們跋山涉水，才可以到達尼羅河的發源地 —— 一個平靜的湖泊。探尋人類心理缺陷和疾病的科學家，也會透過直接因素的背後，根據已知的情況，直達它的源頭 —— 兒童的身體和心理。假如我們對原始社會最早的人類歷史有興趣的話，那麼我們也能夠從那個平靜的湖泊開始，遵從生命裡帶有戲劇性的進程去探尋。好比大河從發源地形成湍流，一路而下，從一個瀑布流到另一個瀑布，自由自在，直到盡頭才會停止。

　　對於成年人在身體、心理以及神經上飽受煎熬的疾病，假如我們能夠追尋到他的童年時期，那麼就能在他的童年生活中找到這些疾病最初的症狀。另外，我們還應該記得，任何一種嚴重和非常明顯的疾病都會產生許多輕微的症狀。但痊癒的人總比病死的人多。假如生病代表了一個人失去了抵抗能力，那麼他能夠預料到自己已經喪失了同一類疾病的抵抗能力。

　　有很多可以導致人身體與心理崩潰的事情。好比我們在檢驗水能否飲用的時候，只需要提取水樣就可以了。假如檢驗出水樣已被汙染，那麼就完全可以斷定全部水域都已被汙染。與此相似的是，當我們看見大多數人因為自身過錯而備受煎熬的時候，也能夠斷定人類正在受著某種根源性錯誤的煎熬。

　　人類在很久之前就產生了這種認知。摩西（Moses）時代，人類已經明白，第一個犯罪的人，他的罪行將會對所有人類造成破壞。因此對於不知道罪惡本質的人類，原罪好像是不公平、不合理的。但正是因為它的出現才讓亞當（Adam）的子孫後代都成了有罪的人。可是，我們卻親眼看著那些受處罰的無辜兒童，在他們成長的過程中，一直在承擔著數個世紀以來不斷沿襲下來的錯誤的嚴重後果。這些錯誤的根源，是可以在人類的基本衝突之中被發現的，儘管它尚未被充分發掘出來，但仍然是非常重要的。

第十章
如何協助孩子改正錯誤

在我的學校裡，孩子們能夠自由活動，但是這並不代表他們缺少組織性。事實上，組織性肯定是不可或缺的。假如我們希望讓孩子更加自由的「工作」，那就一定要在組織性這方面讓孩子們進行更多的思考。孩子們雖然會在我們營造的環境氛圍裡獲得經驗並完善自我，但是我們應該給予他們特別的關心，這一點也是必不可少的。一旦孩子可以將自己的精力集中起來，那麼這種狀態一定能夠在許多方面展現出來。當孩子們自己越來越積極，老師們就一定會越來越消極。事實上，老師們也許只需要站在一旁，什麼都不用管就夠了。

如同我們前面所講的一樣，兒童在這樣的條件下一定能夠融入這個社會，他們將來所獲得的成果也一定會非常優異，一部分人看到這樣的現象之後也許會思考 —— 假如這些孩子一直沒有受到成年人的約束那該有多好。這些孩子們在一起是一種多麼重要的現象啊，它們猶如胚胎一樣，是一種極為微妙的存在。我們實在不應該打擾兒童的這種生活。在我們開始為兒童準備必需的物品時，在為兒童營造發展的環境氛圍時，我們就已經在為這種現象打下扎實的基礎了。

當代社會應當重新把老師和兒童間的關係進行準確定位。關於老師的工作，我們將會在其他章節進行更為深入的探討，但是有一件事情是老師萬萬不該去做的，那就是透

過獎勵、責罰或者是糾正兒童過錯的方式對兒童進行過多干預。這看上去似乎會有些難以想像，也很難獲得人們的理解。也許有人會發問：「假如你不去幫助兒童糾正過錯，那你該怎麼樣才能夠讓兒童走上正途，不讓他走上歧途呢？」

很多老師同樣也會覺得自己最主要的工作就是對兒童進行獎勵、批評和指責。無論是在兒童學習的問題上或者是在觸及道德的問題上，老師都會選擇這樣的方法進行處理。老師們通常會覺得，對兒童進行培養和教育的方法主要就是依靠兩個方面：獎勵或責罰。

假如我們一定要對兒童進行獎勵或責罰的話，也要在他們失去了自我管束的能力之後，而約束方法只能由老師這邊來提供。但是假如兒童此時正在認真的工作或學習，我們連續不斷的對兒童進行獎勵或責罰，那麼這樣做勢必會嚴重影響到兒童精神上的自由。一直以來，我們的學校都在推崇兒童的自然和自由發展，學校絕對不會採用獎勵或責罰這一類的方法。因為在很多情況下，兒童是自由自在、無拘無束的工作和學習的，因此他們也覺得這種獎勵或責罰的做法是根本沒有必要存在的。

如果我們要求不對兒童進行獎勵，那麼也許不會遭受到多大的異議。因為這畢竟不需要我們付出多大的代價，此事也一定不會對兒童造成多大的影響，畢竟平時我們頂多是給

兒童一些屈指可數的獎勵。但是責罰就很不一樣了，我們幾乎每天都會對兒童進行責罰。例如，對兒童練習本上面的錯誤問題進行改正。改正錯誤的問題之後，兒童的分數能夠從0分升到10分。但是得了10分就真的可以改正兒童本身的缺陷嗎？此時，老師也許會說：「你總是在犯同樣的錯誤，你從來就不聽老師講的話，如果你再這樣的話，就永遠不可能在考試中獲得好成績。」

老師寫在兒童作業本上的所有鼓勵和批判的話都是在打擊兒童的熱情和積極性。假如你對一個孩子說他有多麼淘氣、多麼愚蠢，這樣做只會深深的傷害到他，而不會讓他在任何一個方面有所進步。因為假如要是不讓一個孩子犯錯誤的話，他一定要變得更加的成熟才行，但是假如他已然是考試不及格了，卻還沒有任何人給他鼓勵，這樣他又怎麼能夠有所提升呢？以前的老師們總是習慣揪住一些不聰明的同學的耳朵，或者是打一些寫字難看的同學的手心。但即使是老師們將孩子的耳朵揪得通紅，手心打腫了又能怎麼樣呢？孩子的能力依舊不會有任何進步。只有不斷練習並從中獲得經驗才能提升孩子的能力。獲取各種不同的能力是需要進行長久練習的。而且不聽話的孩子也是靠與其他聽話的孩子在一起工作、學習才逐漸變成聽話的孩子的，如果我們只是一味的告訴不聽話的孩子「你很淘氣」—— 這樣的話是絕對不會

讓他們聽了之後就變得聽話的。假如你去告訴一個學生說他沒有能力去做某些事情，他也許會這樣回答：「你憑什麼這麼說，我知道我自己能不能做！」

這並不是在糾正錯誤，這只是一種對事實的敘述。因為發展和改正只能夠依靠孩子自己主動的、長時間的練習才能獲取。

自然，有時候孩子確實不知道自己犯了錯誤，但是老師時常也會在不經意間犯下錯誤。可是老師們總是對自己說永遠也不要犯任何的錯誤，他們害怕在孩子們面前樹立一個不好的典型。所以，老師一旦在犯了錯誤之後，也絕對不會向學生們承認自己的錯誤。對他們而言，永遠不犯錯誤似乎代表著他們的尊嚴永遠不會受到侵犯一樣。他們覺得，老師理所應當永遠都保持正確。自然，這並不都是老師的責任，實際上，整個教育系統都應該對這種觀念負上一定的責任，因為這種觀念本身就建立在了一個錯誤的基礎上。

假如我們在犯錯這個問題上進行深入研究就會明白，其實我們每個人都會犯錯誤，這已經是一個無可爭辯的事實了，如果我們勇於承認這一點，實際上就已經向正確的方向前進了一大步。假如我們堅持完全尊重事實的原則，那麼我們就更應該承認——不論是誰，都可能會犯下各式各樣的錯誤，不然的話我們不就都變成完美的人了嗎？所以，我

們應該以正確的態度去面對犯錯誤的這種現象，我們應該將它視為生命中無法缺少的一部分，錯誤其實也有對人有益的地方。

很多錯誤都能夠在生命過程中得到糾正。例如蹣跚學步的孩子最終能夠學會走路，也是透過自身的成長以及不斷獲取經驗才獲得這一成果的。假如我們覺得自己已經變得非常完美了，那一定是自欺欺人、掩耳盜鈴。實際上，我們仍然在不斷的犯錯誤，而且根本沒有有意識的、主動的去糾正和改善。我們依舊不能認識到自己所犯的錯誤，我們將會永遠生活在脫離實際的虛幻的世界裡。一個總是自以為完美、卻不能注意到自己犯了錯誤的老師，其實並不是一個合格的老師。

錯誤是無所不在的，假如我們想要追求完美，那就一定要注意發現並改正自身的錯誤，因為只有真正改正了自身的錯誤，才能夠提升自己。所以我們一定要清晰的領悟這一點，要明白犯錯誤其實是一個很難避免的問題。甚至在以精準著稱的科學之中，例如物理、數學、化學等學科中，錯誤都發揮了無可替代的作用，因為上述學科都會對在一定程度上對錯誤進行考量和包容。無論從事哪一門學科都一定會對錯誤進行科學的探討和研究。實際上科學和錯誤之所以被人們區分開，是由於科學能夠對錯誤進行有效的平衡。

　　在這個平衡的過程中，其中兩個問題是很重要的，一是獲得一個精準的數值，我們所獲取的數值其實是存在一個被允許的錯誤區間的。科學給出的結論也並不全是絕對正確的結論，它在一定程度上允許存在微小的誤差存在。例如，我們知道注射抗生素的有效機率為 95%，但是餘下那 5% 的無效機率 —— 也可以說是錯誤機率，同樣也很重要。即使是一把十分精準的尺，它也就只能精準到其固有的單位，它也不可能實現 100% 的完全精準。實際上絕對準確的數字和結論都是不可能的，因此給出一定的錯誤機率或誤差才能讓這個結論變得更具價值。或許錯誤的出現與資料的本身擁有同等重要的地位，假如我們不能夠為有可能出現的錯誤給予空間，那麼最終得出的這個數值就是不嚴謹的。也就是說，錯誤在如此追求精準的科學中都是非常重要的存在，那麼它對於我們日常的工作來講也是極其重要的。錯誤對我們具有十分特別的重要性，只有我們真正了解並意識到了它的重要性，我們才能糾正它、改善它。

　　於是，我們歸納了一個非常科學的原則，並且指出了一條通向完美的康莊大道。我們將這種原則稱為「控制錯誤」。在學校裡，老師、學生和其他人所做的任何事情都存在著犯錯誤的可能。所以我們制定了這個原則：糾正錯誤其實並不是最關鍵的，能夠在第一時間內意識到自己犯了錯誤才是最

重要的。所有人都應該時時刻刻檢討自己所做的事情是否正確。我們應該意識到自己所做的事情到底是否正確，但所有這一切的前提都是不要太過看重自己所犯下的錯誤，而應該對自己所犯下的這些錯誤產生濃厚的興趣。

在學校裡，通常的情況是，孩子們在犯錯誤時，他們自己是渾然不知的。他們始終都是在自己完全不知情的情況下犯下錯誤的，因此對於自己所犯的錯誤，他們也抱著滿不在乎的態度，因為他們覺得改正錯誤並不是自己要做的事情，而是老師應該做的事情。這就與我們之前所講到的自由產生了有較大的差距！假如我們自己無法糾正錯誤，那就勢必要尋求別人的協助，而旁人對於錯誤的認知也許並不如我們自己理解得那麼深刻。假如我們能夠準確的了解自己所犯的錯誤，而且能夠及時、正確的糾正錯誤，那將是多麼美好的事情啊！假如有什麼事物能夠對我們的性格產生決定性作用，那一定是自我糾錯的能力。假如不具備這樣的能力，那麼我們必定就會變成一個非常自卑或者喪失自信的人。

我們之前所講的「控制錯誤」已經向我們證明，在前進的方向上，究竟是準確無誤呢？還是存在著錯誤呢？假如我現在想去一個陌生的城市，但是並不清楚路線，這樣的情況在實際生活中發生的頻率是非常高的。因此，為了保險起見，我一定會先去查找地圖或者是尋找路標。假如此時看到

路標上標注著「亞美達巴德——2公里」，那麼我們就會安心很多。但假如路標上寫著「孟買——50公里」，那麼我們就會清楚的知道，我們肯定是走錯了路。雖然地圖和路標一定會向我們提供幫助，但是假如不存在地圖和路標，我們就只能靠嘴來問路，那麼我們得到的或許就是兩個完全不一樣的答案。正確方向的指引是我們完成目標不可或缺的條件。所以在科學與現實生活中，必須要做的事情一定要在教育的第一時間裡內表現出來，因為只有這樣才能讓我們了解自身的缺點。而且我們一定要像為學生們提供學習資料和指導的時候一樣，在最短時間內為學生提供這樣的幫助。另外，在一定程度上，發展的動力也是由自由程度和發展方向是否正確來決定的。所以，一定要透過某種方式準確的了解到自身是否已經偏離了方向。假如這一原則已經在學校裡、生活中得到了廣泛的運用，那此時老師和家長是否完美無缺也就不再顯得那麼重要了。成年人犯錯誤有時會引發孩子強烈的興趣，孩子或許會對成年人產生某種同情，這是一種超脫的同情。對孩子來說，他們會認為犯錯誤其實是一種自然而然的事情。每個人都會犯錯誤，這一觀念或許會對孩子產生較大的影響。另外，這種現象同時也會拉近家長和孩子的距離。因為犯錯誤不僅能夠拉近彼此之間的距離，更會讓彼此發展成為好朋友。犯錯誤有時比準確無誤更加能夠促進彼此之間

形成良好的關係。我們不可能讓一個「完美的人」再做出什麼改變。就像兩個同樣「完美的人」在一起的時候，他們一定會爭吵不休，這是因為他們彼此之間既不能互相諒解，也不能夠互相忍耐。

我們都很清楚，孩子最開始玩的遊戲項目是擺放圓柱體。而且，所有圓柱體高度都是一樣的，只是直徑不一樣，同時每個圓柱體都能夠很好的裝入與其相鄰的那個圓柱體裡面。孩子們在玩這個遊戲的時候，第一步是了解每個圓柱體的大小，因為它們都是不一樣的。然後，他們會知道，一定要用拇指與另外兩根手指同時拿起圓柱體的頂端。再然後，他們會把圓柱體一個接一個的向上擺。一直到最後，他們或許才會看到自己所犯的錯誤 —— 因為最後剩下的那個圓柱體體積太大了，根本無法裝入到第二個圓柱體的孔裡面，而且當有的圓柱體裝入到另外一個圓柱體的孔裡時，空間就會十分寬綽。這時候，兒童會一次次的進行檢查，然後認真研究，想辦法去解決問題。而餘下的圓柱體也顯示了他所犯的錯誤。恰巧是這樣的錯誤激發了兒童的學習興趣。所以，他們會不斷的重複去玩這個遊戲。實際上，這個遊戲項目本身對兒童是有兩大好處的：一是能夠在很大程度上提升兒童的理解能力，另外則是讓他們能夠有效的對犯錯誤進行控制。

我們學校為孩子設計的玩具一般都能直接展現孩子是否

犯下了錯誤。正如 2 歲的孩子就能玩這一類的玩具，並且能夠快速的擁有糾正自身錯誤的觀念一樣，這足以讓他們走上不斷自我完善的道路。但這並不能表示他們已經十分完美了，他們還要對自身的能力有所認知，只有這樣才能激發他們努力工作的意願。

孩子們或許會說：「我不完美，也沒有廣大的神通，但是我了解自己可以做什麼，不可以做什麼。我也會犯很多錯誤，但是我可以自己糾正自己。」

這種謹慎、自信的性格如同我們所獲得的經驗一樣，都會讓我們畢生受用。這種驕傲的感覺並不是我們設想的那樣能夠非常簡單的獲得，並且引導兒童走向一條逐漸完善的道路。實際上，這是一件非常困難的事情。假如我們只告訴一個人他是靈敏還是懶怠、是聰明還是愚昧、是好還是壞，這些只能獲得正好相反的效果。一定要讓孩子明白自己適合去做什麼樣的事情。我們不只要對他們展開教育，也要為他們創造了解自己所犯錯誤的條件。

我們可以試想一下，長時間接受這種教育的孩子們會變成什麼樣。孩子們在計算數學題目並得出結果後，會對這個結果進行驗算，這是他們已養成的習慣。對孩子們來說，驗算結果比獲得結果具有更強的吸引力。在我們學校裡，還有一種練習，就是讓孩子們將寫有物品名字的小卡片放到相對

應的物品下面，孩子們會使用各式各樣的方法對結果進行反覆驗證，他們能夠在發現錯誤的過程中獲得非常大的樂趣。

在學校裡，我們時常會故意留下一些很明顯的破綻，這樣就能夠讓兒童透過不斷的發現錯誤來逐漸達到完美的地步。兒童在尋求完美的同時，會不斷審視自身的行為習性，這對保證兒童的發展是十分重要的。兒童也擁有尋求精準、尋求完美的天性。例如，在學校裡，有個小女孩在「按照命令做事」的遊戲中看到了一句話：「先到外面去，把門關上，然後再回來。」小女孩在認真研究了這句話之後，便按照這個命令展開了行動，在沒有全部執行完一整套動作的情況下，她快速的跑到老師的面前說：「假如我將門關上了，我該怎樣回來呢？」

「妳說得沒錯，」老師說，「是我犯了錯誤。」所以老師馬上就把作為遊戲「命令」的句子進行了修改。

「好的，老師。」小女孩說，「現在我就能夠完成這個命令了。」

人們對於錯誤的認識往往會促進人和人之間的關係的發展。錯誤會把人們區分開來，但是改正錯誤又會將人們緊緊相連在一起。發現錯誤、糾正錯誤將變成人們興趣的所在。因此，錯誤也成為了一件非常有趣的事情。錯誤成為了人和人之間進行連結的紐帶，也促進了成年人與孩子之間的關係

變得更加融洽。兒童不會因為發現了成年人所犯錯誤就對他們變得不尊重，成年人也不會因為錯誤被孩子發現而失去自己的尊嚴。錯誤不僅僅是某一個人需要面對的問題，至於改正錯誤則更應該是每個人的責任和義務。

　　小事情恰恰就是因為這樣的方式而變得偉大起來。

第十一章
讓孩子服從的三個階段

第十一章　讓孩子服從的三個階段

對個性培育的探討常常會觸及意志和服從兩個方面的問題。許多人覺得這是彼此對立的兩個問題。這是由於他們覺得，教育本身就是在扭曲和控制孩子的意志，或是用教師的意志來代替孩子的意志，同時還要求孩子完全服從教師的命令。

下面，我們透過觀測到的事實而不是主觀判斷來對這兩個問題進行分析。首先必須聲明的是，這一範疇的很多觀點都極為雜亂。有些觀點甚至認為人是被強大的、有目的的宇宙能量所影響和控制的。這種強大的力量並不是一種物理力量，它是生命自身在演化進程中誕生的一種力量。它能夠推動各類生命形式不停的發展、演化，並且讓生命充滿運動的原動力。可是演化並不是自然出現的，也不是無意識出現的，而是在自然規律的影響下發生並進行的。假如人的生命就是這種力量的一種表現方式，那麼人的行為必定會受到它的影響。

在兒童能夠按照自身意志去實施有意識的行為時，這種力量就已經進入了他大腦的意識。兒童意志的產生和成長是以獲取經驗為目標的。所以，意志力並非天生就有，它是在成長過程中逐步產生的。這是由於它是自然的組成部分之一，因此它的成長必須符合自然的規律。

有人覺得，兒童的天性就是不服從管教，而且具有很強的暴力傾向。該觀點的論據是，無論孩子做什麼事，都經常

會出現不服從命令的情況，這也是他們意志的一種表現。實際上遠不只這樣，這並不是兒童「有目的的行為」。成年人發怒不是一種自願的行為，而是一種失去理智的行為。事實上，我們平常在說話時也帶有一定目的性，換言之，我們需要解決一些問題。反之，假如我們發現自身行為與主觀意願不相符，就會出現一種限制自身意志的有效意願。所以成年人的意志強加在孩子的身上也就成了一件理所當然的事。

但事實是，我們無法確定主觀意志是否會導致混亂與暴力現象的出現。混亂與暴力僅僅是情感上產生動搖和痛苦的一種表現，僅此而已。正常狀況下，受到意志控制的行為對人們是有好處的。大自然賜予了孩子不斷成長的天性，所以孩子的意志必定會推進他們的成長，讓他們的種種潛能獲得發展。

假如孩子的意志與他自己所做的事是相符合的，那麼說明他的成長已經變成了有意識的行為。兒童會自然而然的選擇自己想要做的事情，而且會不斷的重複進行，這也證明了他們對於自身的行為已經有了一定程度的認知。開始時，這種行為只是衝動，而現在已變成一種有意識的行為。嬰兒在最初進行活動的時候，是出於自己的本能。現在，他們可以有意識的進行各式各樣的活動，而且他們在心理上已經逐漸開化。

第十一章　讓孩子服從的三個階段

　　兒童自己也察覺到了這種分別，有個孩子對這一點進行了描述，而且是以一種令人難忘的方式。有位貴族小姐曾視察過我們學校。因為她並不熟悉學校的情況，便向一個男學生詢問道：「這就是讓你們行為變得守規矩的學校嗎？」「不，小姐，」男學生說，「它並沒有強制規定我們的行為，因為我們做的事都是我們喜歡做的和願意做的。」這個學生已經明白了兩者的區別。因此一旦人下定決心去做某件事情，那麼這件事就理應可以為他帶來快樂。

　　我們應該清楚的明白一件事 —— 有意識的意志需要經過應用和行動才可以獲得繼續向前發展的動力，我們應該盡全力去引導這種意志而不是去干預它。因為我們能夠在短短一瞬間摧毀這種意志。這種意志是以特殊環境下持續的行為作為根本，經過慢慢推動發展而來的，但摧毀它卻是一件非常容易也非常簡單的事。正如爆炸或者地震可以在幾秒鐘之內毀滅建築物，但我們建造一座建築物卻是非常困難的。這需要平衡、原料、藝術等方面的知識。僅僅只是建造一個沒有生命的建築物，就需要這麼多的知識，不言而喻，要對人的心理進行塑造，就需要掌握更多的知識。然而對於人類心理的塑造是在人們肉眼無法看到的狀態下進行的。而塑造它的既非父母也不是老師，當然更不是建築師。父母和老師僅是在塑造過程中為其提供一些輔助性工作，而且這些輔助性

工作本來就是他們的職責和目標。這是由於他們會在不經意間毀壞和摧殘孩子的意志。目前，這個問題還存在著許多成見，我們有義務對其進行說明和澄清。

通常，在教育機構都會存在這樣一種極為普遍的成見──教育工作者們會覺得，所有的事情都能夠透過說教（讓孩子的耳朵去聽）和設立典型（讓孩子的眼睛去看）來處理。但是，實際上孩子的性格僅能透過利用自身能力的方法來發展。孩子經常被當作一個被動的承受體，而非一個主動的學習體。這個觀點會存在於孩子所有的教育階段。人們一般會透過講神話故事的方式來訓練他們的想像力。可是這些神話故事，他們僅僅能夠聽進去一部分而已，因此，被認為是人類思想寶貴財富的想像力，仍然沒有獲得任何的發展。這種不正確的觀點在意志力上的反映顯得更為突兀，這是由於一般學校都會拒絕提供任何機會去鍛鍊孩子的意志力，教育工作者也會明確的告知學生應該做什麼、不應該做什麼。他們任何的抵抗行為都會被認定為帶有叛逆性質。所以我們或許可以這麼說，教育工作者正在不遺餘力的摧毀孩子的意志力。

同時，透過設立典型來教育孩子的方式，讓老師不自覺的把自己當成了供孩子學習的榜樣和典型。在老師那裡，想像力和意志力甚至無法占據一席之地，學生淪落到只能

看和聽的境地。因此，我們一定要捨棄這些成見，勇於面對現實。

在傳統教育中，教師概括出一句聽起來好像很符合邏輯的話：「教育別人首先一定要做好自己。要讓兒童學習我並且服從我的命令，這樣就可以高枕無憂了。」服從變成了一個最根本的教育原則。曾經有一位教師說過一句這樣的名言：在孩子身上所擁有眾多的美德中，最為重要的一點便是服從命令。

因此，教育工作開始變得容易起來，教育工作者也變得很驕傲。他們也許會說：「我的這個學生什麼都不知道，我要教育他們，將他們培養成跟我一樣的人。」所以，老師開始了自己的工作。像《聖經》中所講的一樣：「上帝在造人的時候完全依靠了自己的想像力。」

成年人理所當然的將自己擺在了跟上帝一樣的位置上。但是他們卻忘了《聖經》中所講的惡魔是怎樣成為惡魔的——由於驕傲自大，撒旦妄圖獲得與上帝一樣的地位，最終墮落成了魔鬼。

實際上，孩子的心裡正在實施著一種建設性工作，這其實比老師、父母的工作都要偉大得多。自然，這工作也同樣需要獲得他們理解和協助。此前，老師曾經用鞭子作為工具，強行將自己意願加在學生們的身上。但是很快，人們開

始追求文明教育，教師們因此表示反對，他們說：「假如不讓我們用鞭子，我們將不知道怎麼去教書。」甚至在《聖經》中，所羅門（Solomon）也這樣說：父母使用棍棒教育孩子是正確的，否則孩子將會走進地獄！紀律就是在這種威脅和害怕之中產生的。我們最終能夠用這樣一句話進行概括：孩子不聽話就是一個壞孩子，相反，孩子聽話就是一個好孩子。

因為現代民主、自由等觀念的普及，使用這種方法教育學生的老師被認為是獨裁者，除非他們可以在教育過程中增添一些隨性和遐想。而舊式學校的教師仍然固守著這個錯誤理論。獨裁者的暴力和教師的暴力也是有分別的，獨裁者是利用暴力去建設，而老師卻是利用暴力去摧毀。

這一觀點最主要的錯誤在於，它認為一定要讓人們的意志變得服從之前將其毀滅，換言之就是在它可以接受和服從他人的命令之前將其毀滅。假如這一觀點在實際教育過程中進行推廣和應用的話，那就意味著一個學生在學會知識以前，他的思想就已經被摧毀了。

可是，一旦人們在成長過程中獲得了足夠的意志力，他就可以自由的選擇是否服從他人的命令，到了這個時候，情況就完全不同了。這時的服從已經變成了一種尊重，變成了對權威的認同。老師可以藉此在兒童的身上獲得滿足感。

所以，意志力和服從命令的意識是可以並駕齊驅的。成

第十一章　讓孩子服從的三個階段

長的前提和基礎是擁有意志力，服從命令則是這一基礎之上的產物。在這裡，「服從」這個詞被賦予了新的寓意。它已經被當成了個人意志的昇華。

事實上，我們很容易就能發現，人類的天性中就有服從的因子，這是人類所具有的一種特質。孩子服從命令的意識是逐步建立起來的。它是自然的，並且會以一種不期而至的方式，在人類成熟過程中靠近尾聲的那個階段出現。

事實上，假如人類意識中不具備「服從」這樣的特質，假如人類在進化過程中沒有獲得這種特質，那人類的社會生活將會很難想像。所有事情都能夠清楚的顯示，人類具備服從的意識！這種服從恰好導致了很多人走向死亡。這是一種完全脫離了控制的服從，是一種能夠摧毀一個民族的服從。在這個世界上，從來都不缺少服從。反之，它被當成了人類心理成長的自然現象，被當成了一件極其尋常的事情。真正的問題在於，我們缺少對於服從的掌握與控制。

在對自然狀況下成長的兒童進行觀測時，我們發現，服從這種意識的進步是人類性格中極其重要的特質。我們的觀測為這個問題的研究指明了方向。

兒童服從意識的培養與其他方面的成長大致是相同的。第一，它受「有目標」的衝動干擾，而後它進入意識層面並逐漸成長，最後進入意識和意志的掌控之下。

接下來，我們將探討服從對人而言到底代表著什麼。以前人們覺得服從就是：老師或父母命令孩子做一件事，孩子遵照他們的命令去完成了這件事。

可是，假如我們對於服從意識的發展歷程進行研究之後，就能發現，這個過程經歷了三個階段。起初，兒童時而聽話，時而不聽話，看上去反覆不定。自然，我們一定要對這種情況展開深入研究。

服從不只是依靠我們所講的「美好的願望」。反之，兒童在第一階段的行為僅受「有目標的行動」的操縱。每個兒童都會這樣，這種狀況會一直延續到出生後第一年結束的時候。在 1 ～ 6 歲的時候，上述狀況已經出現得很少了，兒童已經逐步有了意識，有了自我掌控能力。在這個階段，兒童的服從意識與他所具備的能力是有著極為緊密的關聯的。要服從某人的命令就必須要到達一定的成熟水準，具備一定的能力。例如，讓人用鼻子走路就是非常荒唐的命令，從物理學的角度來看這是絕對不可能的事情。同樣，命令不能寫字的人去寫一封信也是非常無理的要求。所以，我們一定要先清楚兒童的發展程度是否已經達到了服從命令的條件。

一般來說，對於 3 歲之前的兒童，除非命令與他們的內心需求相符，不然他們是絕對不會服從的。由於兒童的心理此時還未成型，正處在性格創建階段，需要身體各項機能達

第十一章　讓孩子服從的三個階段

到可以控制意識和意願的水準才行。只有這些孩子的成長水準到達一個新的階段，他們才可以變得服從。事實上，成年人也用他的行為告訴我們，他們從來就沒有期望過一個只有 2 歲的孩子能夠遵照並執行自己的命令。

成年人可以透過本能與邏輯推斷（或是透過和兒童長期生活所獲取的經驗）得到結論，假如想讓這個年齡階段的兒童不去做某件事，那麼一定要下達帶有暴力強迫性質的命令給這些孩子。

但是，服從也是帶有一定的肯定性的。首先，服從具有滿足他人意願的特點。大一些的孩子早已不像 0～3 歲的孩子那樣，處於早期的準備階段。在 3 歲之後，也會包括一些類似的成長時期。以致對一個 3 歲之後的孩子而言，他在服從命令之前肯定也是具有一定能力的。他不會突然之間就服從旁人的意志，也不會忽然明白自己要做某件事的原因。兒童的內心深處正在經歷某種發展變化，這個過程也需要經歷幾個階段。在這個發展過程中，兒童也許會按照別人的要求去做某件事，但是這僅能表示他可以運用剛剛產生的某種能力。但要想讓兒童可以反覆運用這種能力，可能還需要一段時間來進行鞏固。

這種狀況在兒童第一次獲得運動能力的時候就會有所表現。兒童在 1 歲大時，就開始學著走路，但是他會不斷的跌

倒，在嘗試了一段時間後，他就不會再繼續嘗試了。可是一旦兒童絕對具備了走路的能力之後，他就可以隨時隨地運用這種能力。

另外還有一點也很重要，兒童在這個階段所擁有的服從意識是由他已經具備的能力來決定的。他也許第一次服從命令，第二次又不服從了。老師一直覺得孩子這樣的做法是故意的，並且總是責問他們，這種責問很容易就會阻礙孩子各種能力的發展。還有一個十分有趣的例子。在教育理論界具有很大影響力的瑞士知名教育家裴斯泰洛齊[14]，他首先提出了父愛教育的觀點，認為教師理應像父親一樣對孩子所面對的挫折表示憐憫，對他們不正確的行為理應表現出包容和諒解。可是有件事他既未包容，也未諒解，那就是兒童的反覆不定。他沒法容忍孩子一下子乖巧，一下子淘氣。假如孩子第一次達成了他的要求，他就覺得他們具備了做這種事情的能力，然後裴斯泰洛齊就沒法再接受孩子一會能做成、一會做不成的反覆不定。他所說的父愛在這裡也蕩然無存。試想，就連裴斯泰洛齊都沒法容忍這樣的事，況且是其他的老師呢。

在孩子某種能力形成期間，沒有任何事會比打擊他們的主動性更為致命。假如兒童還沒有完全控制自己的行為，假

14　裴斯泰洛齊 (Johann Heinrich Pestalozzi，西元 1746 ～ 1827 年)，瑞士教育家和教育改革家。要素教育思想的主要代表人物，被尊為西方「教聖」、歐洲「平民教育之父」。

第十一章　讓孩子服從的三個階段

如他還無法滿足自己的意志，那麼他該如何去服從他人的意志呢？所以，這就是兒童出現時而服從，時而不服從的原因。這不僅僅會發生在兒童身上，也可能會發生在成人身上，例如一位樂手也許某一次演奏得很好，但再一次演奏時卻發揮得很差。這並非是他意志的原因，而是他還未完全精確、熟練的掌握這門技巧。

所以，服從意識在成長的第一階段的特點就是，兒童時而服從，時而不服從。在這個階段裡，服從和不服從是相伴而生的。

第二階段是隨時都能服從命令，在自我控制這個問題上不會再有任何阻撓。這種能力已經達到了穩定狀態，孩子不僅能夠服從自己的意志，同時也能夠服從旁人的意志。這是服從意識成長過程中的重大進展，就好比一種語言可以翻譯為另外一種語言一樣。兒童能夠體會出別人的意願，而且能夠透過自身的行為表現出來。這是目前教育所期望獲得的最高水準的服從，多數教師希望達到的也正是這一點。

可是，在自然規律的指導下，兒童的成長歷程並未真正結束。他們成長的速度遠遠高於我們的希望，他們的服從意識還會成長至第三個階段。

兒童已經可以自由掌控和運用他們方才得到的種種能力，可是他們在這一階段並未做任何逗留，他們會向更高的

層次進步。兒童好像意識到，老師可以做的事是自己所無力做成的。所以，他好像對自己講：「這個人的能力比我強，他能夠促使我大腦發育，我會變得和他一樣聰明！」這種感受能夠為兒童帶來無窮無盡的歡樂。這種能夠從另外一個人身上學到東西的感覺會激發兒童極高的熱情，兒童將會不斷的等候老師向自己下達命令。這是一種很有意思的現象，讓我們將兒童的行為和狗做一下對比。狗對主人充滿好感而且隨時等候命令。狗會凝視著主人手裡面的球，一旦主人把球拋向遠處，牠就會立刻跑過去並且非常自豪的將球叼回來。而後，牠就耐心的等候主人下一次發出命令。牠期待獲得主人的命令，而且牠能夠從服從命令中獲得快樂。兒童服從意識成長的第三個階段與此類似，他們似乎急於等候和執行別人的命令。

有一個非常有意思的例子。一位任教 10 年的女教師將她的班級管理得很好，也經常為同學提出一些意見。但是，有一天，她說：「將東西收拾好，在你們今晚回家之前。」在她僅僅說了前半句話「將東西收拾好」的時候，同學們就已經開始快速認真的收拾，直到她將後半句說出來後，同學們才停止收拾東西的動作。兒童的服從意識回應得這樣快速，以至於老師必須變換說話的語序。所以，老師應當這樣說：「在今晚回家前，把你們的東西收拾好。」

第十一章　讓孩子服從的三個階段

　　聽這位老師講，這樣的事時常產生。兒童的快速回應致使她在說話之前必須進行謹慎思考，她覺得這是自己的職責。但我們經常覺得，人能夠任意的用自己熱愛的方法去發出命令。反之，她的這種權勢為她帶來了壓力。有一次，教室裡的同學十分喧鬧，她打算在黑板上寫「肅靜」這個詞語，在她寫完第一個字時，班級已然變得肅然無聲。

　　我個人的經歷為這個問題提供了其他方面的證據，此時的服從具備了很多層面上的意思。孩子在這種狀況上展現出了一種極其一致的統一性，我的命令也被一個整體所認可。這種十分安靜的狀況，只有當在場所有的人都維持安靜才可以做到，假如有任何一個人發出聲音，這種安靜就會被打破。要得到這種安靜就一定要所有人都有意識的維持安靜。這樣就產生了群體的意志。我們發覺，隨著不斷重複的玩遊戲，這種群體的意識也在不斷的增強，孩子們維持安靜的時間也會越來越長。所以，在遊戲中我們又加了「點名」這一步驟。當某個同學的名字被輕聲點到時，被點名的同學要一聲不響的起立，其他同學則維持現有姿勢不變動。被點名的同學則要以很慢的速度起立，盡力不發出任何聲音。我們能夠想像出最後被點名的同學將會坐很長的時間！因此，孩子們的意志力將會成長到一個非常高的水準。這種訓練能夠增強人們對自身激動和行為的掌控。進行這個遊戲的兒童能夠

透過對行為的掌控來訓練自身意志力。透過遊戲的訓練，這些孩子將會組成一個十分優秀的群體。我們發覺由於服從意識需要的一切因素他們都已經準備好了，所以他們都擁有了服從意識。

意志力最終階段的發展，是兒童具備了服從能力，這種服從能力又促使兒童具備了服從意識。當兒童的服從意識到達非常高的水準時，無論老師發布什麼樣的命令，他們都能夠立刻執行。那個女教師覺得自己應當多加注意，不要讓自己的個人意志影響到孩子。她也逐步意識到作為管理者應當具備哪些特質。優秀的管理者無須在行為方法上表現得果斷，但是必須擁有一種強烈的責任感。

第十二章
兒童的紀律性和老師

第十二章　兒童的紀律性和老師

　　有的老師缺乏教學和管理經驗，雖然她充滿了熱情，但也覺得孩子的內心應該具備紀律性。不過，她發覺自己又惹上了很大的麻煩。

　　她知道孩子一定要自由的選擇自己想要做的事情，這種自發的行為從一開始就不應該受到干擾。她也明白老師不應該強迫孩子去做什麼事情，同時也不應該恐嚇孩子、獎勵或懲罰孩子。老師應該扮演一個安靜、被動的角色，同時應該有充分的耐心，甚至應該從孩子的身旁隱退，以防止自己的性格對孩子產生影響，從而為孩子的心理發展留下充足的空間。這位老師替孩子準備了很多，但是，孩子的服從意識不僅沒能增加，反倒減少了。

　　那麼她曾經學過的那些原則是錯誤的嗎？不。她只是忽略了理論與結果之間存在的某些東西 —— 老師的實踐經驗。在這個問題上，新手老師需要獲得一些建議和協助。這樣的情況在內科醫生或是其他堅持某種觀念或原則的人身上也可能發生。他們會覺得自己面對的問題要比求解數學方程式中的未知數更加困難。

　　我們永遠都要記得，存在於內心深處的紀律性並不是先天具備的，而是在後天逐漸形成的。老師的任務是指導和幫助孩子形成這種紀律性。孩子可以將自己的注意力集中在對他們具有吸引力的事情上面，做到這一點也就表示他們具備

了紀律性。這些能夠吸引孩子的事情不但可以讓他們獲得有用的實踐經驗，而且可以幫助他們控制自己不再犯錯誤。正是因為這些實踐經驗發揮了作用，使孩子的心理從整體上具有了一致性，也讓他們變得快樂、安靜，進入了一種寵辱不驚的忘我境界。孩子這種能夠征服世界的力量令人感到吃驚，同時也向我們展現出了人類心理的重要價值。老師的任務就是為他們指出一條走向完美的道路，傳授給他們方法、幫助他們跨過障礙等等，但是老師本身也有可能變成孩子所面臨的最大障礙。假如孩子具備了這樣的紀律性，那我們的工作也就失去任何意義了，孩子的本能就足以讓他們克服所有的困難。

孩子在 3 歲時進入我們的學校，此時他們所面臨的境況已經十分嚴重。因為他們已經在思想上形成了一種防禦機制，他們的天性已經被埋藏在了很深的地方。我們沒有辦法從他們的身上看到那種平和、安靜、智慧的氣質。他們展現出非常淺薄的個性 —— 行動散漫、語言含糊、不服從大人的管教等。

可是，孩子的智力和紀律性正在等待著我們去開發。儘管他們受到了壓制，可是卻沒有完全被打倒，我們也不是沒有辦法協助他們改正缺點。學校一定要為孩子提供充足的精神發展的空間與機會。與此同時，老師們也一定要記住一點：

孩子所表現出來的防禦性與種種不良行為都是他們心理在正常發展過程中所遇到的一些障礙，只有跨越這些障礙，孩子們才能最終到達完全自由的彼岸。

教育的起點應該就在這裡。假如老師無法區分什麼是純粹的衝動，什麼是平靜心理自然而然產生的能力，那他的所有行為便不會發揮任何作用。能夠區分上述兩種行為，是老師有效推展工作的前提。兩種行為分別有著各自的特點，這是孩子按照自己的意願所進行的，但在性質上卻完全相反的兩種行為。老師必須擁有對這兩種行為判別力，才可能轉變成一個觀察者和指導者。這一點優點類似於醫生的工作，醫生首先要能夠區別正常的生理狀態和病態。假如連有病、沒病都區分不出來，他就不可能對疾病做出正確的診斷，更不要說對症下藥了。追求完美的第一要務，就是要具備區分好壞的能力。我們可以精準的描述出孩子心理發展所需要經歷的每一個階段嗎？當然可以。同時我們還可以為老師提供一些富有象徵性的特徵。接下來，我們將針對三到四歲的孩子展開討論，這麼大的孩子還沒有接觸過能夠在內心生成紀律性的所有因素。下面我們就透過一些簡單的描述對三種不同類型的孩子及其特徵展開分析：

（1）失常的主動行為。在這裡，我們只針對行為本身進行討論，至於導致這種行為的動機，則不予討論。這樣的行

為可以表現出非常不和諧以及缺乏合作的情況。這樣的表現
是極為重要的，相比於哲學，它顯然更加具有神經醫學方面
的意義。醫生或許能夠從一個患有嚴重疾病的人（例如，處
於爬行癱瘓第一階段的患者）的主動行為中發現某些十分細
小的缺陷。他們明白這樣缺陷的影響是極其重大的。所以，
他在對病人進行診斷的時候，就不會只將心理失常與行為混
亂作為診斷的基礎。雖然心理失常與行為混亂也屬於這種疾
病的症狀，但是行為笨拙的孩子也許還會展現出一些其他的
特徵，比如行為舉止沒有禮貌、或是在做一些動作的時候突
然向前猛衝或是讓身體旋轉、經常大喊大叫等。不過所說的
這一類行為並不具備多大的診斷價值。透過教育，我們可以
讓孩子早期的運動行為變得更加和諧，從而減少主動行為失
常情況的發生。老師們無須對孩子在正常成長發育過程中所
出現的各種失常行為一一進行糾正，只需要為孩子正常發展
協調的運動提供某些有趣的形式和方法就足夠了。

（2）這種失常的另外一大特徵是孩子無法把自己的注意
力集中在某一件事物上面，他的大腦更像是正在進行空想。
他總是非常喜歡玩一些石頭、樹葉一類的東西，而且總是對
著這些東西講話。這樣的孩子在長大成人之後，會擁有更加
天馬行空的想像力。但越是偏離了正常軌道的功能，他的大
腦就越會覺得疲憊，最後變成想像的奴隸。令人感到不幸的

是，很多人覺得這種影響人類個性發展的空想對於心理的發展也會產生促進作用，同時覺得這是一種非常具有創造性的想像力。但其實某些人並不是這樣的，對於孩子來說，這種想像力除了石頭、樹葉以外幾乎什麼都不是。

人類的精神世界建立在能夠與外部世界和諧融洽相處的完善的人格這一基礎上。空想會讓人與現實世界相隔越來越遠，並不是一種自然的發展狀態。空想會讓人在頭腦中產生某些不正確的想法，也不會讓人們的思想變得更加和諧。人們應當更加關注現實中的事物，空想卻會對人類關注現實事物產生極大的影響。也可以這麼說，空想是人類精神世界所依賴的器官的一種萎縮。老師也許會透過某些方法將孩子的注意力吸引到某些實物上面，例如讓孩子們幫忙擺放桌椅等，這些方法通常都不會產生任何實際的作用。消除這種不健康症狀的最佳辦法就是幫助孩子協調自己的運動能力以及讓他們把注意力集中在現實世界。

不過也沒有必要一一糾正孩子身上各種的不良症狀，一旦孩子可以將自己的注意力全部集中到某個實際事物上面，他就能夠慢慢恢復健康，身體的各種功能也能夠正常發揮。

（3）第三是模仿傾向的出現，這與另外兩種現象有著密切的關係。而且這種傾向也開始變得越來越現實。這是人類基本弱點的一種表現，是 2 歲左右孩子自身個性的最基本的

表現。由於相應的能力尚未形成，孩子只能在自己的行為上對別人進行模仿。這樣的行為並不包括在孩子正常發展的範圍內，他們此時就如同一艘失去了帆的船，只能隨波逐流。我們在對 2 歲左右的孩子進行觀察的時候就能夠發現，他們所有的知識都是在模仿的基礎上學來的，這是心理上的一種退化形式。這種形式和孩子的失常以及心理波動都有某種關聯。它對於孩子各方面能力的提升沒有任何幫助，只會讓孩子逐漸走下坡路。

一個孩子可能會把某件事弄砸了，也可能會大吵大鬧，例如整個人躺到地板上又叫又笑，而別的孩子看到他的樣子之後可能就會有樣學樣，甚至會變本加厲。類似的行為可能會在孩子的群體中一個傳一個，甚至可能會傳染到其他的班級。這是一種「群體的本能」，可能會讓很多孩子表現變得反常，甚至做出違反社會常規的行為。這種模仿行為會讓個體的缺陷傳播到其他人身上，最終出現整體退化的情況。

這種退化表現得越嚴重，我們就越是難以幫助孩子重回到正軌。不過，一旦我們幫助他們重回正軌，那麼所有不良的表徵都會隨著消失。

當老師被學校派到一個班級進行管理的時候，假如他們只懂得如何幫助孩子發展的方法，只懂得讓孩子們自由自在的表達自己，那麼他會發現 —— 自己將要面臨很多非常讓

第十二章　兒童的紀律性和老師

他感到頭痛的問題。這些孩子逐漸變得紀律散漫，隨手就拿身邊的東西，假如老師們視而不見，那麼局面也就會變得更為混亂，吵鬧聲也隨之四起。面對這樣的局面，不管其原因是缺乏經驗抑或是思路不對，老師們都一定要對孩子們那單純而又豐富的心理狀態進行分析和研究。老師務必要向這些或走或爬或跑或跳的小傢伙們提供幫助。老師一定要採用某種方式讓孩子們有所警醒。這時採用一種帶著些許威嚴但又不失溫和的語氣或許能發揮一些作用。不要因為阻止這些孩子的錯誤行為而感到害怕，就如同我們在要求某個孩子在回答問題之前先點他的名字一樣，假如我們想要警醒他們，就一定要對他們的心靈發出召喚。老師一定要把孩子們手邊所有的小東西全都拿走，拋棄自己所學的各式各樣的原則，然後再著手解決這個問題。只有老師才能夠做到因人、因事而異，運用自己的智慧圓滿的解決這個問題。老師明白孩子們錯在了什麼地方，所以，他也應該知道如何去幫助孩子們解決問題，改正錯誤。優秀的醫生絕對不是一部開藥方的機器，優秀的老師同樣也不會是一部只知道機械的固守某種教育方法的機器。老師應該根據自己的判斷來解決問題。為了吸引所有孩子的注意力，他可以讓自己說話的聲音提高幾度，也可以對著孩子們低聲的說話，這樣的方法看似簡單，卻能夠恢復班級的平靜。但具體採用哪種方法就需要老師自

己來決定。就好像在鋼琴上彈出一個非常和諧的音符，可以蓋住所有的噪音一樣。

　　一個經驗豐富的老師把自己的班級管理好之後，就再也不會有混亂局面出現，因為在暫時離開班級之前，他會事先撥出一段時間對孩子們進行指導，這樣就能夠讓孩子們在老師不在的時候不至於變得混亂。所以，老師要做好一系列的準備，讓孩子明白老師可以向自己提供很多的幫助。老師在誇獎和教導學生的時候，應當採取平靜的語調，態度要堅定，而且要有耐心。有些方法或許十分奏效，舉例來說，讓學生們將桌子、椅子小心的擺放到適當的位置，或者將椅子排成一條直線，然後再坐到椅子上面，又或是躡手躡腳的輕輕的從屋子的一頭跑到另外一頭。倘若老師覺得時機已經成熟，就可以對自己的學生說：「好了，孩子們，現在讓我們變得安靜吧。」那麼一個神奇的場面就會出現──教室裡馬上就變得安靜了。這些很簡單但是很奏效的方法可以讓孩子們散漫的心思在短時間內就集中到自己要做的事情上面。這之後，老師可以慢慢拿出一些小玩意給孩子們，但是不要讓他們一直拿著這些東西，要教會他們知道怎樣使用和玩耍這些東西。

　　這時，班級重新恢復平靜。孩子們也再次回到現實的世界之中。他們所有的行為全都有了一個特別確定的目標，比

如擦桌子、掃地、從櫥櫃裡拿出學習用的工具，並正確使用這些用來學習的工具等。

很明顯，在這樣的實踐活動中，孩子們增強了自己進行自由選擇的能力。老師們也覺得很高興。不過他們覺得蒙特梭利教育方法中所提到的教學用具的數量似乎遠遠不夠，學生們在一個星期的時間內總是一遍一遍的不斷重複使用著同樣的東西。而且很多學校都出現了類似的情況。

有一個問題展現出了這種教學程序的脆弱性，並且對整個大局形成了威脅：孩子們一刻不停，在擺弄完一種教具之後又繼續去擺弄另一種。可是每種教具他們只會擺弄一次，然後便去擺弄其他的教具。孩子們總是不停的往裝教具的櫃子那邊跑。沒有一種東西能夠激起孩子們持久的興趣，讓他們這方面的能力獲得長足的發展。他們的個性沒有得到鍛鍊也沒有獲得發展。這種停不下來的變換不能讓孩子的心理變得和諧。他們就像蜜蜂一樣在花朵之間不停的穿梭，但是卻找不到一朵能夠讓他們放心滿意採蜜的花。假如沒有一種強大的、能夠促使自身個性和心理正常發育的本能行為在內心覺醒的話，孩子們是沒有辦法進行工作的。

這種不穩固的局面一旦出現，老師就會覺得自己的工作很難推展下去。他只能在自己的學生中間來回穿梭，與此同時又將自己內心的焦慮擴散到了這些孩子的身上。很多對此

感到厭煩的孩子在老師轉過身以後就又會繼續胡亂擺弄那些東西。老師來到這個孩子身邊以後，可能那個孩子又會出現問題。至今，道德和智力也沒有獲得長足的發展，仍然等待著我們繼續進行開發。

這樣的紀律性真的是太過脆弱。為了避免出現這種秩序混亂的狀況，老師始終處在一種高度緊張的狀態。很多老師不僅未經過充足的訓練，而且也缺少相關經驗。在那些「新來的孩子」身上，他們寄予了非常大的希望，也付出了很多的努力和心血，可是仍然沒有什麼成效。到了最後，他們也許就不得不認為，這樣緊張的狀態是一種對老師的痛苦折磨，對孩子來說也不會帶來什麼好處。

對於孩子的這一類情況，作為老師肯定要有一定的了解。這些孩子在心理上正經歷一個轉型的時期。而進一步發展的大門尚未在他們面前打開，孩子們還在門口徘徊。事實上，我們幾乎無法看到他們獲得任何發展。這樣的情況只會朝著越來越混亂的趨勢發展，而不會變得越來越有秩序。在這樣的情況下，孩子需要做的工作必然不能那樣完美。他們基本上可以達到運動協調的目的，可是卻少了力量感和美感，而且狀態時好時壞。與第一個階段他們尚且不能與現實的世界進行接觸之時相比，他們可以說沒有任何的進步。這些孩子的狀態就如同大病初癒，處在自身發展過程中的一個

極為關鍵的階段，老師必須要在這個階段發揮自身兩種不同的職能：一是監督孩子，二是逐一對他們展開教育。也就是說，老師必須一個一個的教給學生每一種物品應該如何使用。對整個班級進行全面監督以及對個別學生進行指導，可以說是老師為學生提供幫助的兩種主要方法。老師在這個階段一定要記住，在他單獨對某個學生進行指導的時候不要背對著別的孩子。在孩子們感到迷茫的時候，老師一定要讓自己面對著孩子們。老師應當一個個的為自己的學生提供準確的指導，這種指導應該透過一種非常親密的方式進行，只有這樣才能讓孩子的心靈受到感動。總有一天，在孩子們幼小的心靈之中，一定能夠有所覺悟，他們手裡拿著的東西會讓他們產生非常大的興趣，而且他們會不停的一遍又一遍的把玩這個東西，他們的注意力也會因此變得集中，他的手工技能也在這個過程中獲得提升。如果孩子能夠展現出這樣一種積極和滿足的狀態，那就說明他的內心已經正式進入了一個全新的發展階段。

孩子在自己內心發展的過程之中，獲得可以自由進行選擇的機會是十分重要的。他們只有在了解了自己內心發展真正的需求之後，才談得到真正去進行自由的選擇。假如孩子在同一時期內受到各式各樣的外部刺激，而且每一種刺激都成功的吸引了孩子們的興趣，但是他們總是在擺弄了一件東

西之後又去擺弄其他的東西，他們自身的意願並沒有發揮支配作用，那麼這也根本談不到自由選擇。讓老師明白這一點是很重要的。倘若孩子沒有自己的主見，那它也不可能踏上通向完美的道路。從某種角度來說，他仍然受到了環境的極大的影響，成為各式各樣簡單直接的刺激的俘虜。他的內心就像鐘擺一樣，始終在不停的來回擺動著。只有當他們具備了自我感知的能力，願意靜下心來去做某一件特定的事情的時候，我們才可以說，他們真的成熟了。

在很多種類的生物身上，我們都能夠看到這些簡單但卻非常重要的現象。每一種生物都擁有一種能力，這種能力可以使其在複雜的環境下做出自由的選擇。對於生物來說，這種自由選擇的能力是十分有利的。

植物只能從土壤中汲取自身所需要的特定種類的營養成分。昆蟲也是如此，牠們總是經常飛到某些特定種類的植物和花朵上面。人類也有著類似的情況，只是人類所擁有的這種能力是透過後天習得而並非與生俱來的本能。嬰兒，特別是在他未滿 1 歲的時候，內心是極為敏感的。如果教育方法不得當，就可能會將嬰兒這種敏感性扼殺在萌芽階段，最終，慢慢長大的孩子會對各式各樣的外部刺激產生濃厚的興趣，成為這些外部刺激的俘虜。在我們大部分成年人中間，這種敏感性早已經消失了，而當成年人見到孩子身上擁有這

第十二章　兒童的紀律性和老師

樣的能力時，我們就會覺得十分吃驚。一個沒有接受過這方面訓練的老師或許會非常容易的扼殺這種能力，就像一頭體型龐大的大象肆無忌憚的踏碎含苞欲放的花朵似的。

當孩子將自己的注意力集中在某一件東西上面，並且不停的重複自己的動作來擺弄這件東西的時候，他的內心就會處於一種放鬆、安寧的狀態。在這種情況下，我們無須為他們感到擔心，真正需要我們去做的事情，就是滿足孩子的要求，將他們可能會遭遇的障礙一一排除。

不過，在孩子能夠讓他的注意力達到上述那種集中狀態以前，老師一定要學會自我控制，從而讓孩子的內心世界獲得自由的發展。老師應該做的事情，就是不去干擾孩子正在從事的工作，如果老師能夠充分運用這種能力，那麼就會對孩子產生非常大的作用。身為老師，他們不能只是為學生提供簡單的幫助，但也不能站在一個地方一動不動。在為這些孩子提供協助和服務的時候，他們同時也一定要對孩子進行認真的觀察，因為孩子將自己的注意力集中起來是一種極為微妙和神奇的現象。當然，老師在觀察的時候不能讓自己一直待在臺前，也不應該輕易的就向孩子提供幫助。老師應該透過自己的觀察來了解孩子，對他們集中注意力的能力進行評估，進而全面掌握他的心理發展狀況。

對孩子來說，能夠將注意力集中起來是一件非常值得高

興的事情。周圍的一切事物都無法對他造成干擾，他儼然變成了一個隱士。在這個過程中，孩子的天性逐漸得到釋放，並且形成獨特的個性。當他從自己全神貫注的事物中走出來的時候，他們會發現這個世界充滿了新鮮感。而他也對很多人、很多事充滿了愛。對於身邊的每個人，他都十分友好，而且對於美好的事物，他也都抱著一種熱愛的態度。這個心理過程的轉變非常的簡單：先是讓自己跟這個世界相互隔絕，然後擁有與這個世界更好的進行融合的能力。正所謂「不識廬山真面目，只緣身在此山中」——當我們坐上飛機，升到半空以後，就可以從整體上更加清楚的看見地面的全景。對人類的心理發展而言，也是同樣的道理。為了讓我們與身邊的人變得更加融洽、和諧，我們應該暫時和他們分離，以便獲得更大的愛的力量。智者在為人類造福以前也是先將自己一個人關在房間裡，絞盡腦汁的尋找可以造福人類的方法。可以說，愛與和平是一項偉大的事業，而這項事業的準備工作一直都是在幕後完成的。

孩子透過讓自己的注意力集中來達到與外界隔離的效果，然後因此形成了堅忍而寧靜的性格，對自己身邊的人滿懷著愛心。同時，孩子的身上具備了自我犧牲、生活規律、服從命令等十分優秀的特質。他們對於生活的熱愛，就如同泉水一樣奔流而出，並且將這種愛傳遞給了身邊的每一個人。

第十二章　兒童的紀律性和老師

　　孩子注意力的集中可以讓他們的社會責任感得到極大的增強，老師們一定要特別注意這一點。他們需要在孩子這種社會責任感形成以後為孩子提供相關的幫助。這些孩子想要從老師那裡學到知識，就如同他們希望從藍天、花草中獲得自由的感覺和美的感覺一樣。

　　這時，孩子們所展現出來的熱情對一個缺乏經驗的老師而言，形成了一種極為強大的壓力。在第一個階段，老師不能將時間花在管理孩子各種錯亂的行為上面，而應該對孩子的基本需求予以關注。今天也是如此，老師不應該受到各式各樣表面現象的迷惑。老師一定要注意那些最主要的事情。此刻，老師的工作就如同一扇門的合葉一樣，雖然一直在幕後進行工作，卻始終掌控著整個局勢的走向。

　　老師這份工作具有準確性、經常性等特點。最初，老師或許認為自己一點用處也沒有 ── 因為孩子的進步與老師所發揮的作用不成正比。沒過多久，他又發現孩子們在生活上變得越來越獨立，孩子們的語言表達能力變得越來越強，孩子們的成長速度也變得越來越快。此時，老師便會感到自己在幕後所做的工作是很有價值的。此時老師心裡應該想到施洗約翰（John the Baptist）在與彌賽亞（Messiah）見面以後所說的那一句話：「他命中注定要獲得成長，而我則要退居幕後。」

　　這個階段的孩子十分需要一位權威人士來為自己提供指導。當孩子透過自身智力和行動力的運用完成了某一件工作（比如說畫了一幅畫或是默寫了一個單字）以後，他就會跑到老師跟前，向老師徵求意見。孩子不需要讓別人告訴自己應該怎樣做。一顆嚮往自由的心最需要的就是能夠自由選擇和推展自己的工作。可是，孩子在做完了自己的工作以後，總是希望能夠獲得老師的肯定。

　　孩子通常都會遵照自己內心的某種願望和要求，這是一種本能，可以為他精神和內心的隱私提供保護。同樣，孩子也需要將自己獲得的成果拿到成年人的面前，來明確自己所付出的努力是否值得和正確。孩子從最初學習走路的時候，就是這樣的情況，儘管他們已經具備了行走的能力，但是他們仍然希望父母在對面張開雙臂迎接他們。對老師來說也是一樣，當老師看到孩子工作的成果時，就應該對他們進行鼓勵，至少也要向他們露出一個讚美的笑容。當然，在孩子成長的過程中，自信心的建立主要還是要靠孩子自己，跟老師沒有太大的關係。

　　一旦孩子對自己要做的工作充滿了信心，他便不會再從別人那裡尋求鼓勵了。在其他人不知情的情況下，他能夠一件接一件的把所有工作做完，而且只關注這些工作成果的好與壞，而不會在意其他的事情。讓他們真正感興趣的是這項

第十二章　兒童的紀律性和老師

工作的本身，而非別人對自己的羨慕。很多參觀過我們學校的人也許都記得，在向來訪者介紹孩子的工作成績的時候，我們從來都不提孩子的名字。因為老師明白孩子們根本就不在意自己是否會出名。在別的學校裡，倘若老師忘了介紹一幅作品的作者的名字，那麼這位作者就會覺得非常不甘心，他或許會帶著抱怨的語氣說：「這幅作品的作者是我！」

　　但在我們學校，那位創作出精美作品的作者也許正在某一個角落裡忙著做另外一件事情，他不想讓別人干擾自己的工作。這個階段的孩子在專注的、一件接一件完成自己作品的同時，也慢慢的培養了一種紀律性。通常他們都會忙而不亂，而且具有服從命令的覺悟，充滿熱愛，就像春天的花兒開放是為了希望獲得秋天的收成一樣。

第十三章
愛的泉源 —— 兒童

第十三章　愛的泉源─兒童

　　我們常常舉辦蒙特梭利式聚會。在這樣的社交場合中，學生常常會把親戚和朋友帶來，所以在聚會中我們經常能夠看見嬰兒、幼兒、青少年、成年人、專業及非專業人員、受教育的人及未受過教育的人，這些人混雜在一起，而且誰都不會認為需要對這些人進行組織和引導。這種由三教九流的人一起參加的聚會與其他學術會議完全不同。我們唯一的要求是那些受過訓練的學生一定要達到一定的水準。這些人之中或許有剛入學的學生、教師、律師、醫生、病人等各種人。在歐洲的時候，我們的學生來自世界各地，在美國有個學生甚至是無政府主義者。縱然生源這樣繁雜，但是學生間卻從來沒有產生過任何衝突。這是什麼緣故呢？是由於同一個理想讓他們聚集到了一起。比利時比印度小很多，他們主要講兩種語言：法語和佛拉蒙語。其公民也分屬於不相同的團體，社會主義、天主教和其餘團體的存在讓它們之間的關聯更為繁雜。通常狀況下，很少見到這些分屬於不同團體的人舉辦聚會。不過，我們舉行的聚會卻十分成功。這看起來有點難以想像，因此很多報紙都對此發表了評論：「多年來，我們一直努力想方設法舉辦由各種團體參加的會議都沒有成功，但是現在這種會議竟然自發的出現了。」

　　這便是兒童的力量。無論人們屬於哪種宗教或政治團體，他們對兒童都會十分親切和喜愛。兒童就是以這種愛為

基礎，促成團結的力量。成年人有著熱烈而且瘋狂的信仰，組成各式各樣的團體並且以此為基礎。當他們一起探討某個問題時，或許會由於觀點不一樣最後造成互相毆打。然而，人們看待兒童的感情全都一樣。極少有人能認識到兒童所產生的強大作用。

下面，我們來對愛的本質進行探討。讓我們先來看看詩人和先哲是怎樣表述愛的 —— 他們可以把愛所具有的強大力量用最完美的形式表現出來。人類的生命是被愛的偉大情感孕育出來的，難道還有比愛更加美好、更加崇高的感情嗎？愛的召喚甚至可以感動最為蠻橫和粗野之人的心靈。縱然那些人為人類帶來了死亡和滅絕，但是也可以被愛的美好所打動。所以，無論行為如何，人們的內心深處都蘊涵著愛。這種力量一旦醒來就可以發揮功效，人的心靈將被觸動。假如人的心中本來沒有愛，那麼不管我們把愛描述得多麼美好，人們也不可能有任何反應。假如人們可以感受到愛的力量，那麼即使愛的作用非常渺小，但人們也會受到愛的影響，並對愛有一種與生俱來的期望。

如果我們要讓這個世界變得更加融洽，那麼就應當對這種愛予以更多的思考，探究愛的內涵。兒童是人們情感和愛憐的集聚之點。所有人被兒童的這種愛籠罩著，兒童成為愛的泉源，一切與兒童有關的話題實際上都與愛有關。如果讓

第十三章　愛的泉源—兒童

我們為愛下一個精準的定義，那是十分艱難的。雖然我們感覺到了愛，卻沒人可以說清楚愛的根本在哪裡，愛的影響有多大，也沒人可以說清楚愛對人類的團結能夠產生怎樣的作用。雖然人與人的宗教信仰、種族和社會地位等都不相同，可是一旦兒童變成他們的話題，他們就能夠產生一種團結友好的關係。人與人之間的防備也會隨之不見，日常生活中的隔膜也會隨之消失。

人與人之間要變得親切、溫和，那麼就要與兒童生活在一起，因為人們將不會再相互猜忌。人的生命剛好就起源於此。成年人擁有為了愛可以保護他人的衝動。就如我們從兒童身上感受到的一樣，成年人之間也蘊涵著愛，這是由於人們之間存在著團結的力量。沒有愛就不會形成這種團結的力量。

戰爭為這個時代帶來了極大的災難。世界各地都發生了戰爭，這時討論愛或許是一種極大的諷刺。可是，人們依舊一成不變的對愛進行著談論，這是一件多麼奇特的事情啊！人們制定了團結的計畫，這不只顯示了愛的存在，也顯示愛的力量是團結的基本。現在，好像每個人都在說：「不要再做關於愛的美夢了，我們應該面對現實。災難在我們面前正發生，森林、村莊、婦女與兒童都是災難的受害者，難道不是如此嗎？」可是即使是這樣，我們依舊在談論著愛，進行著

愛的修復工作。宗教人士在討論愛，反宗教人士也在討論著愛，電臺、新聞界、路人、沒受過教育和受過教育的人、富人和窮人、持各種信仰的人都在討論著愛。

假如沒有更加有力的證據顯示愛的力量的存在，那麼為什麼我們不對這個重要現象進行研究呢？人們之間互相的怨恨為世界帶來了強大的破壞。為什麼我們只是對愛進行口頭上的談論呢？為什麼我們不將它當作一個課題來進行剖析和研究，讓人類可以受益於愛的力量呢？我們應當問問自己，為什麼從來沒有任何人想對這種自然的力量進行研究，並將它的力量與其他的力量結合起來呢？人類把很多精力放到了對其他自然現象的研究上，因此得出了成千上萬種發現。為什麼我們不花費時間來研究能夠團結人類的力量呢？因此可以呼喚愛的潛在力量，可以讓愛展現出來的工作都應當受到歡迎和注意。在之前我們說過，詩人和哲人經常討論愛，好像愛是一種理想。可是，愛不只是一種理想，它也是一種客觀存在，之前是，未來也是。

我們應當了解，我們可以感受到愛的實際存在，但不應該歸功於學校的教育。

詩人和先哲的話語也許會被人們遺忘，這是由於生活的壓力、時代的喧囂。人們熱烈的呼喚愛，並非因為受到外界的影響。愛和對愛的期望不是人們可以學到的事物，它是人

類生命可以持續的組成部分。只有生命才可以真正的呈現出愛，詩人和先哲的話語卻不可以。

事實上，除了從宗教與詩歌的方面，我們還能夠從其他方面來思考什麼是愛——那就是從生命自身的角度來思考。從這一角度，我們不只將愛看成我們所期望的事物，並且把它看成一種任何力量都無法毀滅的實際存在。接下來我們就對詩人和先哲及這種實際存在的理論實行探討。這種宇宙間最為偉大的力量，我們將其稱之為愛。本來，將愛說成一種力量是不妥當的，這是由於它不只是一種力量，並且還是一種創造。更妥當一點的說法，是「上帝的愛」。

我真的期望可以引用所有詩人、先哲與聖人的話語，但因為這些話語的數量太多，而且他們所使用的語言種類也非常多，所以我做不到這一點。但在這裡，我可以引用一位我們都知道的聖人——聖保羅（Paul of Apostle）的話。他將愛描述得酣暢淋漓。縱使是在 2,000 年後的今天，他的話依然可以將無數基督徒的熱情激起。他說：

「假如沒有愛，人類乃至天使的言語也僅僅是一些沒有意義的聲音。縱使我可以預言一切事物、知曉一切奧祕、掌控所有知識，縱使我的信心可以移山，但假如沒有愛的話，那麼我也必定一事無成。縱使把我的全部財產去救濟窮人，縱使我捨身成仁，但假如沒有愛的話，那又有什麼意義呢！」

　　假如我們對傳道者講：「你對此感觸如此深刻，一定了解愛是什麼了吧？愛肯定是十分玄妙的，你可否為我們講解一下？」我們如此說話是能夠被諒解的。這是由於對這種崇尚的感情進行表述是很難的。事實上，聖保羅的話也是當代文明的一種反思。人類已經不僅僅可以填海移山，甚至可以創造更加偉大的奇蹟。隨著科技的進步，當我們在地球一邊講話時，地球另一邊也可以聽見。可是假如沒有愛，所有這一切都將不具有任何意義。我們已經為窮苦人建起了強大的組織系統，為其供應衣物與糧食，可是假如不具有一顆真正的愛心，那又有什麼用呢？比如打鼓，是由於鼓中間是空的我們才可以聽到鼓的聲音。所以，愛的實質是什麼呢？我們可以從之前引用的聖保羅的話語中看出，愛是偉大的、高尚的。聖保羅還講了以下的話，儘管不是什麼高明的哲理，但依然會為我們帶來啟示。他說：「愛是一種永久的容忍，是仁愛；愛是不妒忌、不做恥辱之事，不自以為是；愛是沒有貪心、不謀取私利、不憤怒、不做壞事；愛是對真諦與正義的熱愛；做一切事情都應當寬容、信任、渴望與容忍。」

　　所有這一切都是對人類心理世界的描述，不由讓人記起兒童的一些特徵。這些話好像在對兒童「有吸收力的心靈」進行描述。兒童的這種有吸收力的心靈能夠容納一切事物，並終究會透過人的行為表現出來。兒童經過這個具體工作來

得到與他人同等的地位和適應周遭的生活環境。兒童是具備忍耐力的。自從他們降臨到這個世界上，無論出生於何種環境，都會逐步在那樣的環境中獲得成長，並且適應這種生活。長大後，他會非常幸福的在這個環境中生活。在熱帶出生的兒童會逐步適應那裡的生活環境，當來到別的生活環境將會出現不適應的狀況。不管是出生在平原、山地、沙漠乃至是極地，兒童都會逐漸適應當地的生活環境。但他們最喜愛的地方仍然是他們出生和成長的地方。

「有吸收力的心靈」能夠承受一切事物，對所有事物都抱有期望，不管貧富、不管什麼宗教信仰，終究會在兒童身上有所表現。這就是我們的兒童。

假如兒童不具備這種有吸收力的心靈，那麼所有地方的文化都不會得到穩定的進步。假如一切文明都是兒童降臨後才重新開始的，那麼人類的文明將不會獲得持續的發展。

人類創造了社會，社會的根基就是「有吸收力的心靈」。我們經過對兒童的觀測就可以了解這一點。兒童透過愛的方法來處理關係到人類命運奧祕的難題。詩人和先哲未對愛實行剖析，但兒童的成長過程卻向我們呈現出了愛的軌跡。假如我們探究一下聖保羅的話，再觀察兒童，我們就能這樣說：「在兒童身上完全的證明了聖保羅的話。兒童身上有著很多種愛的財富。」

所以，愛不只存在於那些用宗教和詩歌將它表述出來的人的心裡，它存在於所有人的心裡。它是大自然賜予每個人的奇蹟。這種強大的力量在所有場合都可以得到呈現。雖然人類被遍布各地的戰爭所干擾，但是愛的甘露正在不停的滋養人類。因此，假如沒有愛，人類所創造的一切，包括所謂的發展也會失去意義。這個觀點很容易就能明白。愛是每個兒童降臨到這個世界上的時候就擁有的天賦。假如兒童的愛的潛力可以施展，人類的成就將不可估量。自然，我們獲得的成果也是十分偉大的。成年人與兒童一定要把他們的力量團結在一起。成年人只有謙虛的向兒童學習才能變得強大。說來也稀奇，在人類創造的一切奇蹟和獲得的所有發現中僅有一個未被關注的領域，那就是「兒童的奇蹟」。可是，愛並不止於我們目前所談論的這些。在人們的心裡，愛已經籠罩了一層夢幻的色彩。我們覺得，愛僅僅是繁雜力量的一個方面。這種繁雜的力量能夠透過「吸引力」和「親和力」這兩個詞語來表達。整個世界被愛所統領，星辰可以有規律的運行，原子可以重新聯合構成新的物質，同時也可以協調無機物與有機物的力量。這種力量的凝結是構成一切物質的基礎。整體來說，儘管愛是沒有思想的，但是在生活中，它又能夠被認識到。我們可以感受到的力量就是「愛」。每個動物都具有繁殖能力，而且有一定的週期性，這也是愛的一種

第十三章　愛的泉源—兒童

表現方式，是自然的需求。假如沒有愛，就不會有任何生命的延續，物種也將走向滅亡。

動物們時常可以感受到這種力量，但是這種力量又會立刻消失在牠們的思想中。這表示自然在給予愛的時候是非常節約和嚴肅的。自然所賦予的愛是如此的少，所以愛是十分珍貴的。生命剛一降臨時，就會喚醒父母對孩子的愛。這種愛讓母親哺育孩子，給予孩子溫情與保護。母親日夜守護在孩子身邊是出於對孩子的愛。這種愛保證了孩子的健康、安全與生命。不過愛的這種特別的功效也是有限的：「這關係到生命的延續，我們一定要有所捨棄，直到我們不再被孩子需要為止。」當動物的寶寶長大之後，父母對牠們的愛就會逐漸消失。在這之前，母子之間似乎存在著一種堅固的情感紐帶，把牠們密切的相連在一起。隨著寶寶長大，這種紐帶就開始減弱。之前，寶寶在母親那裡得到了一切，但是現在，就算牠們從父母那裡取走一口食物，父母也會猛烈的攻擊牠們。

這表示什麼呢？這表示一旦愛的目的達成之後，它就將立刻消失，就好比即將進入雲層的太陽，很快就會消失。

可是人類與動物不一樣。嬰兒長大後，愛不但沒有消逝，並且還延續到了家庭以外的地方。一旦我們對某種願望有所感動，我們就會快速的被愛團結在一起。

　　人類的愛是永久的，它的功效不只表現在個體之中。這是由於，假如不是前人已經被愛的功效所觸動，他們怎麼會創立社會組織，並將愛傳遞給別人呢？

　　假如自然賦予這種愛的力量有著鮮明的目的，假如她是莊嚴和慎重的賦予其他物種這種力量，那麼對人類的賜予一定是有目的的。假如愛的終極目標是拯救，那麼假如它被忽視，就將會造成毀壞。上帝賜予我們的這種精神力量，其價值已經超過了任何一種物質。可以這樣說，縱使人類消失在茫茫宇宙中，愛也會一直堅守並完成它創造、守護與拯救的任務。

　　愛是大自然饋贈給人類的特別禮物 —— 為了完成某種特殊的目的。在這一方面，它具有所謂的「宇宙意識」的功效。我們一定要盡自己的所能去珍視它、喜愛它、發展它。在一切生物中，僅有人才可以把愛的力量昇華。大自然賜予人的任務是珍視愛的力量，整個人類被這種力量聚集到了一起。這也證明愛並非一種無形的觀念，而是一種切實存在的力量。

　　透過這種力量，人還可以將自己勞動和智慧的成果都聚集在一起。如果沒有這種力量的話，人類所開創的所有美好的事物都將陷入混亂和毀滅 —— 事實上，這樣的事情時常發生。

第十三章　愛的泉源—兒童

此刻，我們就能夠了解聖人所說的「失去了愛，一切都是徒勞」這句話的含義了。愛不是照耀黑暗的明燈，也並非是傳達聲音的電波，它已經超越人類發現與應用的一切事物，它是最為偉大的力量，存在於宇宙間。所有人的心裡都具備這種愛的力量。儘管自然賜予人類的這種力量非常有限而且不夠集中，但是它卻是控制人類一切力量中最為強大的一個。每個嬰兒都會為我們帶來新鮮的力量，在他們降臨在這個世界的時候。縱然出生後的環境讓這種力量得不到發展，我們也仍舊可以感受到這種力量的強大力量。因此，我們一定要花費更多的精力對其進行探索和研究。因為愛並非大自然賜予環境的，而是大自然賜予我們人類的。所以如果想更加以研究和利用愛，我們就一定要予以兒童更多的關心。

要想實現拯救和團結人類這個目標，那我們就一定要根據自己的期望，努力的沿著這條道路走下去。

官網

國家圖書館出版品預行編目資料

蒙特梭利的教育重塑：意志力培養、教師與紀律性、服從三階段，義大利思想家的教育改革 / [義] 瑪麗亞·蒙特梭利（Maria Montessori）著；秦搏 譯 . -- 第一版 . -- 臺北市：崧燁文化事業有限公司 , 2023.04
面； 公分
POD 版
譯自：Maria Montessori on education
ISBN 978-626-357-227-0(平裝)
1.CST: 幼兒教育 2.CST: 蒙特梭利教學法
523.2　　112003028

蒙特梭利的教育重塑：意志力培養、教師與紀律性、服從三階段，義大利思想家的教育改革

臉書

作　　者：[義] 瑪麗亞·蒙特梭利（Maria Montessori）

翻　　譯：秦搏

發 行 人：黃振庭

出 版 者：崧燁文化事業有限公司

發 行 者：崧燁文化事業有限公司

E-mail：sonbookservice@gmail.com

粉 絲 頁：https://www.facebook.com/sonbookss/

網　　址：https://sonbook.net/

地　　址：台北市中正區重慶南路一段六十一號八樓 815 室
Rm. 815, 8F., No.61, Sec. 1, Chongqing S. Rd., Zhongzheng Dist., Taipei City 100, Taiwan

電　　話：(02)2370-3310　　傳　　真：(02) 2388-1990

印　　刷：京峯彩色印刷有限公司（京峰數位）

律師顧問：廣華律師事務所 張珮琦律師

定　　價：350 元

發行日期：2023 年 04 月第一版

◎本書以 POD 印製